Allan Kaplan e Sue Davidoff

ATIVISMO DELICADO

Uma ab...
para

AGRADECIMENTOS

Há muitas pessoas às quais gostaríamos de agradecer. Enquanto viajávamos pelo mundo que Goethe descobriu – ao mesmo tempo em que este o descobria – estivemos sempre rodeados de, e apoiados por, pessoas em suas próprias buscas. Agradecemos a todos e a cada um de vocês.

Agradecemos, especificamente, a Tanya Layne, cuja história de prática inspirou a versão inicial desse livro. Agradecemos aos muitos outros que a acompanham, aos buscadores que se abriram para formas de ver e praticar que não estão disponíveis até que, a menos que, alguém se abra para elas.

Agradecemos também especificamente ao Instituto Fonte e à Noetá no Brasil, especialmente a Flora Lovato e Ana Biglione, lideranças dessas organizações, por sua generosidade e dedicação ao tornar a versão digital original deste livro acessível a tantas pessoas; agradecemos também aos outros praticantes que construíram a prática de um delicado ativismo no Brasil, e que, pelo Brasil, também a fizeram chegar a outras partes do mundo. A dedicação, o entusiasmo e a compreensão pura que alimentaram os esforços dessas pessoas permitiram que a prática de um ativismo delicado e o livro de um ativismo delicado prosperassem juntos, crescessem e se tornassem algo ferozmente gentil e gentilmente feroz. Sem esse grupo, este livro jamais teria sido realizado.

Agradecemos àqueles que trabalharam com o Schumacher College na Inglaterra e àqueles que trabalharam com a Escola Schumacher Brasil, por ajudarem a disseminar um modo de ser que não é fácil de entender, apesar de sua simplicidade e necessidade. Em particular, agradecemos a Bia Tadema, atual diretora da Escola Schumacher Brasil, em seu esforço de fazer uma celebração à altura do 10º aniversário da Escola, por realizar nosso sonho antigo – de publicar o livro apropriadamente – e por nos impulsionar a levar o livro original ainda mais longe (para que ele estivesse apto a ir ao encontro de um mundo perigosamente alterado).

E, com profundo reconhecimento de sua generosidade de espírito, agradecemos à nossa querida tradutora, Ana Paula P. Chaves Giorgi, que traduziu o original e agora completou o trabalho traduzindo a Parte Dois (e revisando a tradução original). No decorrer desses anos, Ana viajou de perto ao nosso lado, enquanto intensificava a busca de sua própria prática. Por meio dela, percebemos que tradução é algo que está acontecendo o tempo todo e vive no coração das relações.

Por fim, somos imensamente gratos pelo trabalho de arte e design de Laura Corrêa, pela profundidade com que enxergou o coração da obra, transformando palavras e pensamentos através de sua leitura precisa e criativa. Por meio dela, este livro se tornou completo.

NOTA DA TRADUÇÃO

Tenho sido parte da construção desta prática no campo social no Brasil desde 2000, quando pela primeira vez Allan Kaplan esteve aqui, como consultor do então nascente Instituto Fonte para o Desenvolvimento Social. Logo depois veio a tradução de seu livro *Artistas do Invisível*, um marco na ampliação de sua abordagem inovadora, com reflexões fundamentais para a formação de profissionais de desenvolvimento social. A parceria com Sue Davidoff chegou mais tarde, amplificando a voz feminina nessa prática, registrada nesse livro escrito a quatro mãos, há 10 anos atrás.

Ao longo desse período, ambos se tornaram parte de nossa história no campo social. Programas de formação, oficinas e encontros gestados, apoiados e incentivados por várias instituições e praticantes do país, abriram espaço e deram contorno para um modo de ver e trabalhar com mudança baseados na Fenomenologia de Goethe, nomeados como Prática Social Reflexiva, Artistas do Invisível e Ativismo Delicado.

A intenção dessa tradução é permitir que a intimidade com essa abordagem, tecida por tanta gente, tempo e história, se torne presente para que vocês escutem a voz dos autores – como eles falam, como pensam e se expressam, como pontuam esses pensamentos para incentivá-los a pensar junto. É uma leitura desafiadora justamente por ser coerente com a sua prática no mundo: exige esforço, exige participação, exige reflexão e pausa e, principalmente, exige colocar em prática. Minha fidelidade às palavras escolhidas com cuidado, às suas pontuações diferentes, ao pragmatismo da gramática inglesa concomitante à forma culta, foi para deixar transparecer o seu profundo conhecimento de uma escrita fenomenológica lavrada, esculpida, lapidada para refletir o brilho efêmero da ideia viva.

Tenho plena consciência de que essa tradução está sujeita a muitas revisões, afinal elas são (e devem ser) parte da sã atividade de olhar a mesma coisa sob diversas perspectivas, atribuindo-lhes significados e sentidos transformados pelo tempo e pela experiência de cada um. Desejo que essas revisões se espalhem como fruto do esforço de cada leitor e leitora de tornar esse livro parte de sua prática, e abram espaço para que essa abordagem ganhe cada vez mais vida e lugar nesse nosso mundo de hoje.

Ana Paula P. Chaves Giorgi

SUMÁRIO

Prefácio — 13

Ativismo Delicado - *Uma abordagem radical para mudanças* — 17

Delicadeza *(uma nota introdutória)* — 19

I

O enigma do ativismo — 25

Realidade dançando - *Uma relação delicada* — 37

Mágica ordinária - *Uma história delicada* — 45

O milagre da simultaneidade - *Uma dinâmica delicada* — 59

Ativismo Delicado - *Uma inescapável reciprocidade* — 71

II

Encontrando a nós mesmos — 85

Cruzando a linha - *A experiência do desempoderamento* — 91

Rumo a novas faculdades - *Abrindo a nós mesmos* — 99

Uma sensibilidade para o infinito — 119

Um sentido para a verdade - *Encontrando a Liberdade* — 125

Um caso em questão - *A conversa como observação* — 135

Reversão - *A vontade de nosso próprio coração* — 153

PREFÁCIO

Este pequeno livro parece ter se escrito sozinho. A primeira parte tem dez anos, e a segunda ainda está se assentando. A primeira parte nunca foi publicada, mas foi disponibilizada on-line em inglês, português e espanhol. Apesar de estar on-line, foi por meio do boca a boca, e não pela mídia social, que ele encontrou seu lugar. Inesperadamente, tornou-se uma obra apreciada por muitos.

Vivemos tempos difíceis e periclitantes. Quando escrevemos *Ativismo Delicado* há cerca de dez anos, escrevíamos desde um contexto que reconhecíamos ser profundamente desafiador. Um *Ativismo Delicado* provou ser um ponto de apoio e sustento, uma fonte de orientação para muitos. Tornou-se um texto muito proveitoso e procurado. Sabemos que para continuar assim, ele precisa ser ativamente responsivo ao contexto social; e nosso contexto mudou significativamente. Entremeadas no tecido dessa prática, essas mudanças contextuais requerem que expandamos ainda mais o nosso olhar.

Não queremos normalizar de maneira leviana esses tempos extraordinários e difíceis. Queremos, sim, desenvolver ainda mais nossas faculdades de observação para que possamos enxergar mais profundamente o cerne de nossa realidade atual e articulá-la com mais precisão, diferenciação e profundidade; para que possamos encontrar nosso lugar – nosso chão, nosso centro, a partir do qual possamos agir no mundo. Ir além de onde estávamos antes, tanto em nossa prática quanto em nossa compreensão, tem sido extremamente desafiador e extremamente enriquecedor.

À medida que nosso contexto foi mudando, nossa prática foi crescendo. Neste livro ampliado do *Ativismo Delicado*, agora publicado pela primeira vez, sentimos ter chegado mais fundo no âmago dessa prática, de um modo que permite viabilizar a sabedoria da delicadeza em meio a tempos cada vez mais indelicados. Esperamos que, por meio destas páginas, você se sinta vivificado em seu olhar, em sua prática, em sua vida e em seu contexto social. Aqui você vai se deparar com familiaridades e surpresas, um fortalecimento de si. Esperamos que isso o aproxime de si mesmo e, ao fazê-lo, que o aproxime dos outros. O caminho e a jornada são tudo; são estes os meios que criam os fins.

*O ativismo delicado é
verdadeiramente radical
por ser consciente de si próprio,
e por compreender que
seu modo de enxergar
é a mudança que se quer ver.*

ATIVISMO DELICADO
Uma abordagem radical para mudanças

Nossa ecologia está tão fragilizada e nosso tecido social tão esgarçado, que cada passo buscando gerar melhorias de vida tem se tornado um risco de emaranhar ainda mais essa trama. Nossas pegadas já estão em todo lugar e ainda assim parece que simplesmente continuamos pisoteando nossas melhores intenções. Talvez algo esteja nos escapando, uma vez que nossas inúmeras tentativas de trabalhar com mudanças parecem emperrar em suas próprias pressuposições. Como podemos abordar o mundo de outro jeito?

Este livro explora uma maneira, uma prática, a que denominamos "ativismo delicado", um caminho que demanda uma profunda reavaliação do papel que temos realmente desempenhado nos processos de mudança social. Parece que um ativismo que enfatiza a ação em detrimento da reflexão; que recompensa os efeitos externos e ignora a consciência interna; que foca no outro, mas oclui o eu; que exalta resultados (quase como se eles fossem *commodities*), sem suficiente preocupação pelo processo que os geram, não é capaz de acompanhar as complexidades das atuais mudanças sociais. Ironicamente, ele nos torna espectadores ao invés de participantes e, na verdade, retarda mudanças. Um ativismo delicado é verdadeiramente radical por ser consciente de si próprio e por compreender que seu modo de enxergar é a mudança que se quer ver. Isso anuncia uma mudança sísmica em direção a uma forma mais social e ecológica de ativismo, voltada para um futuro que sustenta a vida.

DELICADEZA
(uma nota introdutória)

*"Há um empirismo delicado que
se torna absolutamente idêntico ao objeto,
tornando-se assim, verdadeira teoria."*

JW von Goethe

    A frase "um ativismo delicado" surge como paráfrase intuitiva do conceito de JW von Goethe de "um empirismo delicado."

    A compreensão, a abordagem e os métodos desenvolvidos por Goethe em sua busca por um caminho de conhecimento, por uma epistemologia que fosse uma maneira participativa e holística de "enxergar para dentro" do mundo – que vai muito além do que nosso atual modo de pensar tecnológico e instrumental é capaz de alcançar – nos levou a tentar praticar por nós mesmos essa abordagem de Goethe ao buscarmos caminhos para trabalhar efetivamente com processos de mudança social. Isso se traduz em uma abordagem específica e fenomenológica para mudança social.

    Na citação usada acima, Goethe usou o termo "empirismo delicado". A frase e a sentença a qual ele pertence tem sido objeto de vários tratados e conversas eruditas; ele forma a base da abordagem fenomenológica, para a qual retornaremos depois. Mas há algo que imediatamente salta aos olhos.

    Um "empirismo que se torna absolutamente idêntico ao objeto" soa como se nossa costumeira separação entre sujeito e objeto, entre o sujeito que percebe e aquilo que é percebido, entre o ator e a ação, fosse destruída, ou sobrepujada. Das duas, uma: ou esta é uma asserção indefensável, insustentável, uma fantasia, ou ela aponta para uma possibilidade muito diferente de se estar no mundo.

    A frase realça a enormidade do desafio confrontado por um ativismo social verdadeiramente radical em um mundo de complexidade inaudita, e ela toca o cerne da luta por justiça e por liberdade.

EM IMAGENS QUEBRADAS

Ele é rápido, pensando em imagens claras;
Eu sou lento, pensando em imagens quebradas.
Ele se torna obtuso, confiando em suas imagens claras;
Eu me torno afiado, desconfiando de minhas imagens quebradas.
Confiando em suas imagens, ele presume sua relevância;
Desconfiando de minhas imagens, eu questiono sua relevância.
Presumindo sua relevância, ele presume o fato,
Questionando sua relevância, eu questiono o fato.
Quando o fato lhe falha, ele questiona seus sentidos;
Quando o fato me falha, eu aprovo meus sentidos.
Ele continua rápido e obtuso em suas imagens claras;
Eu continuo lento e afiado em minhas imagens quebradas.
Ele, em uma nova confusão de sua compreensão;
Eu, em uma nova compreensão da minha confusão.

Robert Graves

"O que estou escrevendo para você não é para ler – é para ser."

Clarice Lispector

I

" ... arriscamos enxergar, e ainda assim enxergar sem ver as coisas."

JW von Goethe

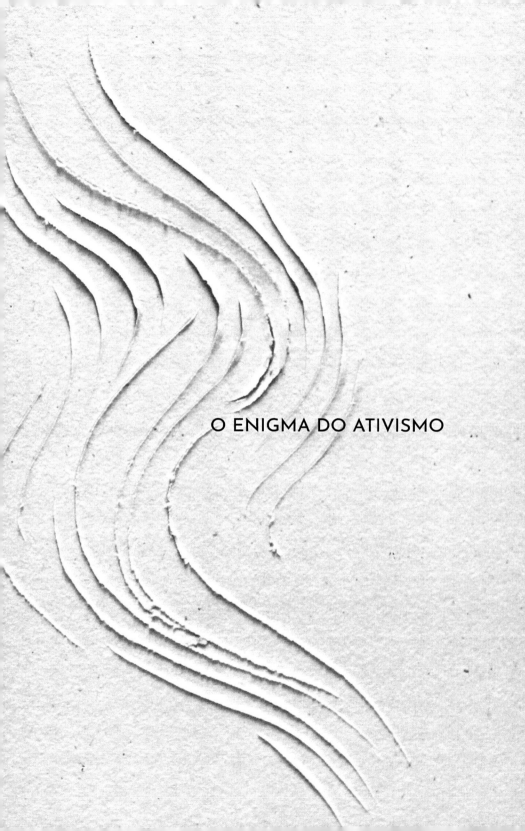

O ENIGMA DO ATIVISMO

O chão que pisamos

Trabalhar no campo da mudança social e do ativismo nos coloca frente a frente com a contradição, não como anomalia, mas como o próprio chão desse campo em que estamos. Esse chão povoado por todo problema, toda questão, todo obstáculo, toda injustiça ou distorção é – contrariamente ao que se espera – a própria semente da qual nasce a mudança e a intervenção do ativista. Paradoxalmente, esse mesmo chão de onde vem o chamado para despertar (que é o credo do ativista), muitas vezes acaba se transformando em uma nova manifestação de um velho padrão: o mesmo padrão contra o qual estávamos protestando inicialmente.

O ativismo é frequentemente acompanhado de uma estridência, uma convicção tão forte de se estar fazendo o que é certo, acompanhada pela determinação de mudar o que está errado, que a determinação, ao ficar estridente, pode passar a mimetizar as mesmas forças que estávamos querendo mudar. A psicologia da Gestalt chama isso de "Teoria da Mudança Paradoxal": quanto mais se tenta mudar um comportamento, mais ele permanece o mesmo.[1] Rudolf Steiner

---

[1] BEISSER, Arnold. The paradoxical theory of change. (A teoria paradoxal de mudança); J.Fagan & I Shepherd (eds). Gestalt Therapy Now: Theory, Techniques, Applications. Palo Alto, CA: Science and Behavior Books,1970.

chamou a atenção para a existência de uma "lei de necessidade férrea" na esfera social, ao observar que se os ativistas, ao lutarem pelo "bem", não se mantiverem intencionalmente acordados, quase sempre acabarão fortalecendo os padrões e comportamentos que eles se comprometeram a mudar porque são pegos – às vezes graças ao seu sucesso inicial – por uma virada quase imperceptível na corrente da situação social, que acaba levando-os para o lado errado da maré.[2] Owen Barfield aponta para o perigo de se procurar respostas estruturais para as questões de mudanças sociais e ecológicas, e pede que mantenhamos uma qualidade de agitação inquieta em nossas iniciativas sociais, permanecendo conscientes, cautelosos e atentos a nuances o tempo todo.[3]

O momento da virada pode ser tudo, menos imperceptível. Ainda assim, se nos detivermos a olhar de perto e sem apego para todas as ações e papéis dos vários ativistas e das organizações ativistas que conhecemos, veremos que essas viradas povoam a paisagem do campo das mudanças sociais e ambientais com uma estranha e assídua insistência, que passa quase despercebida, graças à sua penetrante sutileza. Portanto, não é afinal uma grande surpresa que tão pouco realmente se transforme no nosso modo de ser e estar no mundo. As normas vão se entrincheirando na medida em que permanecemos no cativeiro de nossas próprias insistências, de nossa própria presunção de achar que podemos mudar o mundo agindo sobre ele.

Descobrimos, então, que essa mesma presunção é o arauto de uma virada irônica e paradoxal: descobrimos que há algo estra-

---

[2] STEINER, Rudolf. Spiritual Science as a Foundation for Social Form. New York: Anthroposophic Press. 1986. Versão em português: Steiner, R. Ciência Espiritual e Questão Social (três artigos de 1905). Republicado com o título Economia e Sociedade à Luz da Ciência Espiritual. 2a ed. São Paulo: Ed. Antroposófica, 2003.

[3] BARFIELD, Owen. A Fresh Light on Present Discontents. (Uma nova luz sobre os atuais descon- tentamentos) in The Rediscovery of Meaning and Other Essays (A redescoberta do significado e outros ensaios), San Rafael: The Barfield Press, 1997.

nhamente conservador no cerne da maioria das abordagens usadas para se lidar com mudanças. Descobrimos que é este o chão que estamos pisando. Então a pergunta se torna: como andar de outro jeito sobre esse terreno?

Uma observação

Uma série de observações feitas através dos anos, em situações variadas, provocaram perguntas suficientes para levantar a suspeita de que tudo parece emergir de um mesmo arquétipo subjacente de ativismo, o mesmo aspecto que transforma uma intenção radical em algo inerentemente conservador.

A primeira coisa que observamos é que os ativistas têm dificuldades para dar um tempo e um espaço para a reflexão contínua sobre sua prática. Sempre há boas razões para justificar essa dificuldade – há tanto a ser feito, e sempre com recursos tão escassos; as pessoas e situações e os ambientes nos quais trabalhamos têm direitos e necessidades que precisam ser atendidos; não há um espaço seguro e compreensivo para se refletir, e a reflexão parece ser algo voltado muito para dentro e, portanto, indulgente demais. Em suma, somos forçados a agir incessantemente ou perdemos o momento certo, porque tudo está contra nós e o trabalho é exaustivo, interminável e urgente. Para muitos, a reflexão parece uma perda de tempo. E muitas vezes talvez até seja, já que a prática da reflexão exige tempo, paciência e uma intenção clara para ganhar maestria e poder ser aprofundada a fim de melhorar a qualidade de nossas ações externas. Ao se trabalhar com ativistas, há uma sensação de que a reflexão sobre a nossa prática é a última coisa que qualquer um de nós quer fazer.

É claro que possivelmente há outras razões pelas quais a reflexão não se deixa enraizar facilmente entre ativistas. Talvez porque de fato não queiramos reconhecer os efeitos questionáveis de muitas de nossas ações, ou porque queremos que os outros mudem, mas não achamos que isso seja necessário para nós mesmos – porque claramente estamos trabalhando pelo bem de todos.

As razões talvez sejam muitas e sutis, mas todas elas apontam para uma falta de reflexão. E essa falta de reflexão anuncia uma tendência de manter, conservar, recusar riscos e evitar perdas.

Uma segunda observação

Ativistas são geralmente pessoas convencidas (de suas próprias noções do que é o bem social). Ao menos sabemos o que é errado, e temos uma boa ideia do que é certo. Nós sabemos contra o que estamos trabalhando e temos fortes opiniões sobre para que estamos trabalhando. Somos comprometidos, apaixonados, veementes, cheios de propósitos e de visão. Temos que ser determinados e essa determinação pode (e em geral é o que acontece), estreitar nossa visão e nos cegar para as possíveis falhas e limitações de nossa própria compreensão. Podemos ficar tão determinados em atingir nossas metas, que não percebemos que as coisas estão mudando ao nosso redor o tempo todo, mudando às vezes até em função do sucesso de nosso trabalho, e à medida que elas mudam, novas leituras devem ser feitas, novos sentidos devem ser atribuídos.

Nós também mudamos (assim esperamos); aqueles com os quais trabalhamos estão mudando; aqueles contra os quais lutamos estão mudando; a situação está mudando. Ainda assim estamos sempre agarrados ao passado, incapazes de soltar, presos a uma visão fora de moda sobre aquilo que estamos fazendo. Então, na medida em que a situação muda, vamos nos tornando conservadores. Nós ficamos ali segurando firme; muitas vezes a luta em si acaba se tornando um hábito mais importante do que sua resolução. Quanto mais fortes forem as forças a nos questionarem – e quanto mais conservadoras elas forem – mais conservadores e instrumentais nos tornamos. Vai se tornando cada vez mais difícil nos questionarmos. Parece até algo autodestrutivo. Mesmo quando pensamos estar em busca de um caminho cada vez mais radical, frequentemente estamos indo na direção contrária; de fato, é só empurrar o caminho radical até os seus próprios limites – com convicção e sem questionamento – que se chega ao fundamentalismo.

Essas tendências aumentam quando a ambiguidade, a incerteza e a complexidade caracterizam nosso mundo, como tem acontecido. Em geral nossa própria intenção é tudo o que temos. Quando toda solução vem com um problema atrelado a ela, quando causa e efeito parecem quase impossíveis de se separar ou organizar em uma sequência – ambas consequências da complexidade – estamos diante do momento em que nos questionarmos e duvidarmos de nós mesmos poderia ser o primeiro passo em direção à aquiescência. Nosso ativismo se rebela contra essa ideia.

Uma série de observações contenciosas

Ativistas começam questionando muitas das normas que passaram a caracterizar seu mundo social, mas em geral acabam endossando uma das práticas normativas mais comuns em nossa cultura: a tendência de administrar, gerenciar, a tendência de se estabelecer objetivos, delinear estratégias, construir e elaborar planos, focar no caminho mais curto que leva a resultados quantificáveis, de manter-se fiel a um centro, de insistir em formas burocráticas de prestação de contas.

As práticas dominantes de uma gestão baseada em resultados, em avaliação de resultados, em imperativos processuais, na quebra das ideias para encaixá-las nos protocolos de planejamento de marcos lógicos (que fragmentam as ideias e as inspirações que as sustentam), em processos de burocratização, em procedimentos normativos que pressupõem (e por isso acabam por criar) a desconfiança entre as pessoas, em uma cultura de medo e conformidade – tudo isso se torna parte do mundo do ativismo social também. E sinaliza o estabelecimento do que efetivamente é um pressuposto: de que se planejarmos e estabelecermos as estratégias com muito cuidado, seremos capazes de virar o mundo para a direção que queremos que ele vá.

Mas essas pressuposições que estão na base da gestão entram em contradição com as noções de complexidade e emergência que passamos a reconhecer como aspectos centrais do processo social. Sob os auspícios da gestão, tudo é separado em partes componentes; tudo se torna um bem de consumo, organizado e privatizado – até mesmo o nascimento e criação de uma pessoa, até mesmo a natureza e o meio selvagem. Da mesma maneira como a água é embalada em garrafas plásticas, como as montanhas se tornam uma bacia hidrográfica provedora de serviços de ecossistemas, como os processos contínuos de desenvolvimento de comunidades passam a ser encapsulados em projetos sujeitos a análises de custo-benefício (e a técnicas de avaliação e monitoramento), o ativismo também corre o risco de se encontrar preso entre ser um provedor de serviços pontual ou um fundamentalista angustiado.

O fardo de fundamentalista angustiado se encaixa bem nas primeiras duas observações feitas acima, mas o que significa exatamente ser um efêmero provedor de serviços? Essa é uma forma específica dessa tendência de se considerar a gestão como solução, da simplificação para o conserto rápido. Ela incorpora o perigo do ativismo como um instrumento de eficiência e resulta na subversão do ativismo como um possível caminho de mudança profundo e transformador. Eis aqui o mais insidioso de todos os perigos. Temos testemunhado, ao longo destes últimos anos, o crescimento das chamadas "tecnologias sociais": são exercícios e procedimentos, jogos, modelos e estruturas aprendidos como repertório do profissional de desenvolvimento, considerados instrumentos para engendrar ações e reflexões participativas, para então serem aplicadas como técnicas a todo tipo de situação, visando resolver tanto os nossos impasses sociais e ecológicos, quanto os paradoxos que deles advêm por sermos humanos. Tais tecnologias sociais presumem e reforçam – na sua aplicação uniforme – uma engenharia social voltada para o controle. Poucos questionam o uso da palavra "tecnologia". Poucos questionam os pressupostos feitos aqui sobre a natureza humana, sobre nossas diferenças e nossa singularidade; sobre a relevância e a especificidade do contexto e da necessidade de uma observação e uma atenção continuada (considerando o fenômeno específico diante de nós), sobre a demanda por uma resposta às questões contrariadas de liberdade, responsabilidade e sobre o processo contínuo de desenvolvimento. De alguma maneira, inadvertidamente, nos pusemos a mecanizar ainda mais a alma humana. É a criação desse modelo agora onipresente, da estrutura, do processo como técnica que sinaliza a subversão final e a aquiescência do ativismo que torna a originalidade radical uma prática de conformidade e abstração, reduzindo aquilo que é único às demandas administrativas de replicabilidade e uniformidade.

O conceito de tecnologias sociais transforma em *commodity* a experiência de ser humano, transformando o ativismo em uma tecnologia e deixando de lado a simples humanidade feita de proximidade, presença, intimidade e amor.

Uma narrativa sobre instrumentalismo

Há algo que trespassa como um fio todas as observações feitas acima; algo que contradiz o projeto ativista essencial de liberdade, responsabilidade e consciência. Quando ignoramos a demanda por reflexão, quando nos tornamos enfáticos quanto à retidão de nossa causa, e quando impomos ao fluxo do processo e do esforço humano um modelo por demais mecânico e simplista, nosso projeto se torna um projeto instrumental que diminui, ao invés de aumentar, as possibilidades do que significa ser humano. O mundo, o mundo social, torna-se um objeto que nós, dele separados e removidos, tentamos manipular através do uso de vários instrumentos e ferramentas para conseguir gerar mudanças. A alteração é sutil, difícil de discernir, mas a agenda vai se tornando conservadora, vai perdendo de vista as implicações da complexidade (a relação entre ordem e caos no esforço criativo), as implicações da liberdade e da responsabilidade humana, do desenvolvimento da própria consciência e da primazia da relação e do processo sobre coisas isoladas e resultados específicos. Ela nos nega a realização que prestar atenção aos processos vivos pode nos conceder: o reconhecimento de que tudo está mudando o tempo todo, que (e isso requer um olhar diferente e um coração aberto) tudo está conectado (portanto nada pode ser compartimentado, transformado em *commodity* ou "gerenciado"), e que, portanto, *nosso próprio despertar é tanto a busca quanto a chave para qualquer empreendimento verdadeiramente ativista*.

O enigma do ativismo reside nisso: ao se comprometer com a mudança social para mudar a sociedade, ele corre o risco de ceder a um instrumentalismo que já domina a sociedade, de modo que o ativismo em si vai sendo distorcido e vira um conservadorismo inadvertido (um fortalecimento do *status quo*), e a busca humana fica reduzida a um problema mecânico que pode ser resolvido – putativamente – sem que precisemos fazer quaisquer movimentos internos de transformação. *Como ativistas, aquilo que somos e o modo como vivemos nossas vidas não tem sido questionado o suficiente. Como ativistas, o ponto de partida para todos os nossos esforços está na compreensão da interseção e da relação entre quem somos e como estamos no mundo, e o que fazemos.*

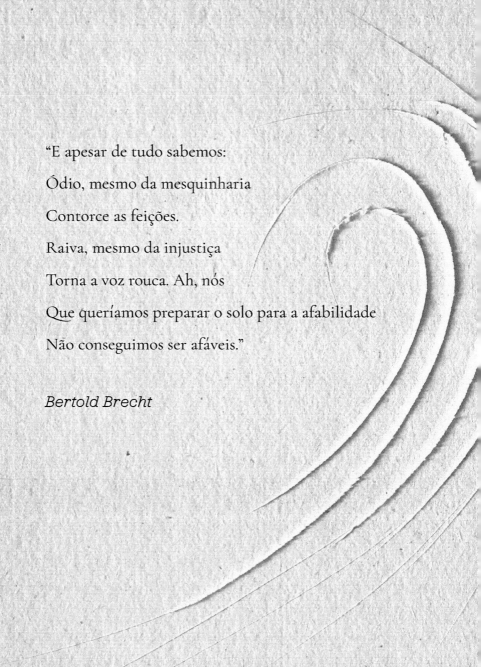

"E apesar de tudo sabemos:

Ódio, mesmo da mesquinharia

Contorce as feições.

Raiva, mesmo da injustiça

Torna a voz rouca. Ah, nós

Que queríamos preparar o solo para a afabilidade

Não conseguimos ser afáveis."

Bertold Brecht

"O mundo está inteiro dentro de mim e eu estou inteiramente fora de mim mesmo"

Merleau-Ponty

REALIDADE DANÇANDO
Uma relação delicada

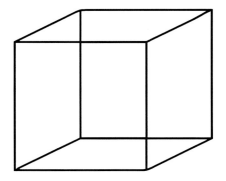

Você provavelmente já viu isso antes; mas esse é um lugar tão bom como qualquer outro para começar. Um lugar divertido por ser simples, mas que serve de trampolim para percepções um tanto ou quanto desafiadoras. Temos falado sobre ativismo, mas fica difícil avançar sem antes atravessar o que está por trás do ativismo para chegar ao contexto em que o ativismo acontece. Esse contexto é o mundo em que vivemos e a relação que temos com ele. Se pudermos nos situar nesse contexto, estaremos em melhor posição para compreender o que esse enigma do ativismo está realmente pedindo de nós hoje.

Então, acima do parágrafo anterior temos um cubo. Nós o reconhecemos imediatamente. Ele é a forma arquetípica da caixa ou do dado, tem três dimensões (altura, largura, profundidade) e todas elas têm medidas iguais. Mas, na verdade, ele não tem profundidade, porque se tivesse não estaria no mesmo plano do papel (ou da tela). Se realmente fosse um cubo, teria que ter profundidade. Portanto, o que temos aqui é a representação de um cubo, é isto que reconhecemos. Mas podemos questionar tudo isso dizendo que o que você está realmente vendo não é uma representação de um cubo coisa nenhuma, apenas um conjunto de linhas arranjadas sobre uma página. Você pensa no cubo e lá está ele (imagine que você nunca tenha visto um cubo antes), mas de fato temos apenas um conjunto de linhas dispostas sobre uma página. Não, nem mesmo isso, porque para dizer isso já pensamos "conjunto", "linha" e "página". O que você realmente vê – sem pensar – são apenas traços escuros em um fundo branco. E mesmo isso seria difícil de ver se você não estiver pensando nos conceitos de traço e fundo.

Outra coisa: quando você olha para esse cubo, ele parece estar recuando no papel como se estivesse sendo empurrado para trás, ou ele parece emergir como se estivesse vindo em sua direção, saindo do papel? Se estiver enxergando um deles, tente ver o oposto e continue fazendo o esforço até você conseguir enxergar o outro; então movimente seu olhar de um para o outro. Você vai perceber que à medida que você faz o movimento de uma imagem para outra, um cubo completamente diferente se apresenta – apesar de nada ter mudado no papel! A mudança estará apenas na sua mente, dependendo da perspectiva do cubo que você tiver escolhido. Algo muda na sua consciência, na sua intencionalidade, e você *vê* o cubo de outro jeito; ainda assim, as linhas são exatamente as mesmas. Porque você *pensa* o cubo de maneira diferente, você *vê* um cubo diferente. Foi Wittgenstein quem reconheceu de maneira marcante que "nada mudou, ainda assim o mundo inteiro está diferente".[4]

Simplesmente não vemos "coisas", vemos *significados*. O que é apenas uma outra maneira de dizer que levamos o nosso pensar para o que "realmente enxergamos" como percepção direta. Vivemos em um mundo de significados e atribuímos sentido ao mundo. Enxergamos apenas significados – mesa, cachecol, pessoa, criança, planta, montanha, nuvem – todos eles são significados que damos ou atribuímos à informação perceptual direta que nos chega pela porta dos sentidos. É isso que é ser humano. Enxergamos ideias, ou melhor, organizamos nosso ver através da atividade de pensar e o nosso mundo emerge do..., bem, do pó, talvez. Sem o pensar, sem a imaginação, não seríamos nada além de um animal. É isso que Craig Holdredge[5] quer dizer quando fala que enquanto o animal vive no seu meio, o ser humano vive no mundo. Viver no mundo é enxergar sentido, não é ver coisas.

---

[4] MONK, Ray. Ludwig Wittgenstein – The Duty of Genius. (Ludwig Wittgenstein: o Dever de um Gênio). Londres: Vintage Books, 1991.

[5] HOLDREDGE, Craig. Comunicação pessoal. Ghent: NY, 2001.

Nosso mundo inefável paira entre "a coisa em si" e o nosso "conhecimento da coisa". Isso talvez seja mais facilmente reconhecível em nossa compreensão da língua e da palavra escrita: o sentido *paira* entre o som ou a visão que nos chega e o reconhecimento daquele som ou visão; ele participa de ambos. O sentido é imaterial, o mundo vive *entre* nós e o que está lá fora; nós vivemos em um mundo de sentido, portanto vemos sentido. (Escolhemos o mundo no qual vivemos e o criamos ao mesmo tempo.)

As ideias contidas aqui são tão óbvias que passam despercebidas por nós. Porque a única coisa que não enxergamos ao olhar para o mundo é o modo como vemos. A única coisa que nós não vemos é nosso modo de ver. E assim fazemos leituras errôneas de várias coisas ao nosso redor e mal interpretamos muito do que fazemos o tempo todo, porque nem chegamos a perceber que é isso que estamos fazendo. É bom refletirmos sobre isso por um momento, porque isso nos diz respeito como ativistas; o braseiro da liberdade, de nossa própria humanidade talvez esteja justamente aí, nesse âmbito sobre o qual raramente pensamos.

Owen Barfield[6] descreve três níveis do "enxergar". No primeiro e mais imediato nível, percebemos sem reconhecer, percebemos sem pensar, simplesmente observamos, sensorialmente, sem qualquer pressuposição ou sobreposição – e, portanto, sem qualquer reconhecimento ou sentido de significado; o que percebemos dessa maneira é algo caótico, desorganizado, ao qual não conseguimos atribuir sentido (como uma criança de dois anos de idade vendo um jogo de críquete, como diz Arnold).[7] No segundo nível, levamos o nosso conhecimento para aquilo que vemos, atribuímos significado a isso, reconhecemos (assim como fizemos com o cubo). Mas, note

---

6 BARFIELD, Owen. Saving the Appearances: A Study in Idolatry (Salvando as aparências: um estudo da idolatria). New York: Harbinger Book, Harcourt Brace & World Inc., 1965.

7 FREEMAN, Arnold. Self-Observation (Auto- observação). Londres: Anthroposophical Publishing Company, 1956.

bem, pois aqui está a chave para nossos enganos de compreensão e apreensão, nosso maior e mais consequente erro: o primeiro e o segundo modo de enxergar estão tão fortemente entrelaçados, acontecem com tal contiguidade que é quase impossível para nós diferenciá-los. E assim, achamos que aquilo que vemos – imediatamente – é a coisa em si, quando o que estamos realmente vendo é apenas o significado, é o sentido que nós atribuímos àquilo. Para descobrir o que está acontecendo realmente, precisamos olhar para algo que não reconhecemos, e que precisamos nos esforçar para descobrir o que é. Só assim poderemos chegar àquele momento de descoberta surpreendente quando realizamos, reconhecemos, *enxergamos* pela primeira vez aquilo que estávamos vendo o tempo todo (e que ainda não fazia sentido).

Ao curvar os dedos de uma mão e olharmos através deles como se estivéssemos olhando através de um telescópio, focalizando em algo que não pudéssemos mais reconhecer porque o campo de visão ficou estreito demais, poderemos começar a entender o sentido de "ver" sem atribuir sentido (sem *enxergar*). Tente se lembrar de um momento quando você pensou ter reconhecido uma pessoa, mas ao olhar bem, viu que era outra; ao fazer esse tipo de coisa, começamos a perceber o sentido de ver sem ainda enxergar. Imagine um observador de pássaros – se você não for um – que vê uma coisa no meio do mato e diz que ali tem um *bokmakierie*; embora saibamos que ali tem um pássaro (ao menos isso conseguimos reconhecer), ainda não aprendemos a reconhecê-lo. O observador de pássaros vê sentido onde nós não vemos. Agora, se imaginarmos que estamos com alguém que nunca viu um pássaro antes e nunca ouviu falar de pássaros, talvez possamos começar a compreender o que significa reconhecer o que estamos "vendo". Começamos a perceber qual o papel do nosso pensar, da nossa imaginação para se enxergar. Começamos a reconhecer que enxergamos sentido. Somos seres dados a perspectivas, temos uma visão, uma percepção particular das coisas; o mundo não nos é dado, *nós participamos do seu surgimento*. (Pense na inteligência criativa ou no preconceito intolerante com o qual construímos e criamos nosso mundo, o mundo que enxergamos; o que vemos nunca está destituído daquilo que trazemos para ele.)

No terceiro nível, podemos pensar (e falar) *sobre* as coisas que vimos, podemos buscar explicações, construir metáforas e tentar compreender o que estamos vendo. Em geral é muito difícil diferenciar entre o segundo e o terceiro níveis do pensar e da percepção; assim como obviamente é também muito difícil diferenciar entre o terceiro e o primeiro nível, porque o primeiro e o segundo se fundem. São tantos os pressupostos que se infiltram em nosso modo de ver – sem percebermos, sem nos darmos conta – que podemos acabar herdando um mundo que nos foi dado por outros, ao invés de ver o mundo que está sendo criado através de nossa participação intencional a cada momento.

(Desta maneira podemos, por exemplo, ver o ser humano como um objeto mecânico determinado por uma engenharia prévia, ou podemos enxergá-lo como uma forma potencial de possibilidades novas e ainda não sonhadas. Precisamos também ser cuidadosos com as metáforas extraídas de uma área sendo usadas com excessiva facilidade e superficialidade em outro âmbito. Quando, por exemplo, nos referimos à nossa memória como sendo um "banco de dados", começamos a ficar com a sensação de que nossas memórias e, portanto, nossos pensamentos e ideias são coisas separadas, como se fossem partes separadas de coisas listadas em um inventário, quando de fato elas estão mudando e se movimentando constantemente, fluindo de uma para outra, metamorfoseando-se quase sem barreiras, tão redolentes e intrincadas que volta e meia vêm à tona e de vez em quando desaparecem, e que são tão intimamente interligadas com nosso ser, que não conseguem nunca ser "capturadas" por outra pessoa. Esse modo de "pensar sobre" através do uso das metáforas – tais como as de computadores e banco de dados – começa a dar à metáfora um verniz de fato ou uma explicação, e então passamos a "ver" memória como banco de dados, e nossas almas como computadores... e reduzimos ambas de maneira irreparável.)

Portanto, o *modo como enxergamos* se torna extremamente importante no que diz respeito ao mundo que criamos através desse enxergar. A suposta polaridade entre subjetivo e objetivo não se aplica assim tão fácil e simplesmente quanto imaginamos; cada enxergar é tanto subjetivo quanto objetivo ao mesmo tempo, porque somos partícipes daquilo que é visto. (O uso de palavras e conceitos tais como subjetivo e objetivo, ou projeção, pode ser muito capcioso; somos sempre participantes e sempre estamos implicados – nosso mundo surge, paira, imaterial, entre o que realmente está lá fora e o que está aqui dentro.) Devemos, portanto, nos tornar muito conscientes do modo como estamos enxergando.

Para não dar espaço para ambiguidades, podemos dizer o seguinte: todo fenômeno – todas as coisas que vemos lá fora – é, de fato, uma conversa. Então criamos o mundo – nosso mundo todo, não apenas os aspectos supostamente "subjetivos" – na medida em que avançamos. (Note-se: *não apenas vemos o mundo de maneira diferente, nós o criamos na medida em que avançamos.*)

Uma abordagem fenomenológica, portanto, sugere que reconheçamos que nossos conceitos não só iluminam e informam aquilo que vemos, mas aquilo que vemos também, por sua vez, elucida nossos conceitos. Trazemos algo para o mundo e ele nos traz algo de volta e, através dessa relação, tanto nós como o mundo expandimos – nos tornamos mais do que fomos antes – e, através dessa conversa dinâmica e criativa, a relação se torna sublime e quase mágica. (Mas real, tão real! Esse estranho *surgimento através da conversa* é, afinal, o mundo real.) Essa conversa aberta leva a um crescimento da sabedoria, tanto dentro de nós mesmos, quanto dentro do mundo que está fora de nós.

Inicialmente, talvez seja esse o significado de um "empirismo delicado" (a ser elaborado também mais adiante). Temos que ser verdadeiros com o que está lá fora, e o que está lá fora vai sendo informado, iluminado e vai se tornando mais de si mesmo, através daquilo que nós lhe trazemos e de como o vemos ou vamos ao seu encontro. Nem uma coisa, nem outra, mas ambas, dançando juntas na mais refinada das relações.[8]

---

8 KAPLAN, A. & WESTOBY, P. Foregrounding Practice – Reaching for a responsive and eco- logical approach to community development. (Colocando a Prática em Primeiro Plano: buscando uma abordagem ecológica e responsiva para o desenvolvimento comunitário) em Community Development Journal. Oxford: Oxford University Press, 2013.

*"– O que é prática? – perguntou Dogen.
E o velho homem respondeu:*

– Tudo está aberto no universo."

Ryuten Paul Rosenblum Roshi

MÁGICA ORDINÁRIA
Uma história delicada

> *(delicada – "que demonstra uma habilidade ou um talento de alguém, especialmente ao produzir um trabalho finamente detalhado e intrincado ou de movimentos gentis e hábeis" – definição tirada do Dicionário Inglês Encarta World)*

Tendo explorado alguns aspectos sobre como criamos o mundo através do sentido que atribuímos a ele, voltamos ao espinho do ativista. O enigma do ativismo mora no coração de nossa humanidade como um desafio arquetípico, uma problemática central que se apresenta diante do ativismo social como sua sombra inimitável. Sobrepujar esse enigma é a matéria-prima com a qual a verdadeira disciplina da liberdade é feita e a promessa amedrontadora no centro do campo humano: a de manter um pé em cada lado do abismo existente entre o pertencimento e a separação. Agir (onde muitos outros não agem) e ainda questionar essa ação – em nome dela – *enquanto se age,* é a realização sublime do que é ser humano – estar em uma conversa aberta com nosso próprio mundo o tempo todo. Isso demanda uma sensibilidade que transcende a si mesma e que, portanto, tem a possibilidade de agir como semente de um futuro mais consciente.

O enigma do ativismo é seu maior presente, pois ele exige reconhecer o que é sublime e profundo em uma relação – a relação fenomenológica – que está no cerne de nossa participação para se criar o mundo que habitamos. E assim a fenomenologia se torna – potencialmente – a mais libertadora e revolucionária prática de todas, pois ela traz a promessa de (e a realidade de), e a demanda pela (e a responsabilidade pela), liberdade humana. Uma abordagem fenomenológica, que reconhece essa relação recíproca e criativa entre o ser humano e o mundo, exige e promete o tipo de despertar da consciência presente em todas as tentativas de se viver holisticamente na terra e em sociedade. Temos que examinar as maneiras como pensamos e aprender a pensar de maneiras novas para que possamos viver nosso mundo de formas que o melhorem e o deixem em condições de ser habitável.

Podemos aprender muito com nossos erros, mas neste momento gostaríamos de trabalhar com a história de um processo de mudança social e ambiental que, ao trilhar uma estrada enfrentando as armadilhas do instrumentalismo, lança luz sobre o tipo de ativismo que leva a sério essa noção fenomenológica da relação entre nós e o mundo. Ao descrever seu "empirismo delicado", Goethe escreve que algumas observações parecem, de repente, revelar a um só tempo a essência ou o padrão ou o processo ou o fenômeno. Essas são as "instâncias que valem milhões". Essa história é uma dessas instâncias. É uma história de ativismo como prática ecológica de mudança.

Essa prática foi construída na Cidade do Cabo, África do Sul, durante os primeiros anos após o fim do regime de *apartheid*. Um relato dessa prática nos é dado aqui através de uma conversa com Tanya Layne, uma figura central, embora não isolada, no processo de trabalho colaborativo nascido de um grupo de ativistas sociais e ambientais. (Na história que se segue, a voz da própria Tanya aparece no texto sinalizada pela fonte em itálico). Esse grupo desenvolveu uma abordagem consciente e intencional para a prática que enfatiza a conversa como sua modalidade primordial. Como a Tanya mesmo coloca, *essa é a mágica ordinária que está por trás da extraordinária profundidade de um projeto, ou de um processo comunitário e ecológico a que chamamos de Cape Flats Nature.*

UMA HISTÓRIA DELICADA

A Cape Flats Nature perguntou como nós cuidamos da biodiversidade em um contexto de pobreza urbana e desigualdade, de fragmentação ecológica, social e institucional. A "solução" a que chegamos não é uma receita replicável acompanhada de uma lista de checagem para apoiar a implementação das coisas, como um tapete de grama pronto. O que na verdade emergiu foi uma prática de enxergar e de se engajar nos sistemas sociais e biofísicos de comunidades ecológicas e sociais, dentro e ao redor desses lugares como se eles fossem um todo integrado, procurando entendê-los da mesma maneira holística como funcionam os ecossistemas naturais. A "mágica" não estava no método e no desenho do projeto, embora estes servissem de apoio. A "mágica" estava na qualidade da conversa que éramos capazes de ter e no espaço que criamos para isso – a "mágica" estava na qualidade da conversa que éramos capazes de estabelecer e no espaço criado para ela – a mágica é ordinária... mas ainda assim, mágica, por ser frequentemente tão elusiva... por ter que contar com uma qualidade de conversa que exige um profundo nível de integridade e confiança na relação originada de uma miríade de interações e atividades cotidianas "ordinárias". A "mágica" dessa prática é essencial se quisermos conservar nossos ecossistemas e nossas comunidades onde quer que elas estejam; e sua simplicidade significa que ela é transferível...

(A frase "mágica ordinária" é profundamente instrutiva, pois ela traz a noção de que a real "mudança" aqui se dá na mudança de qualidade e de abordagem; mais do que "algo" diferente sendo feito, o que está sendo demandado é um jeito diferente de "estar junto". Essa mudança na qualidade insiste na ideia de "prática", ao invés de "receita", "guia" ou "modelo" ou "tecnologia social" e na indicação já presente aqui de que ela vê "sucesso" como práticas elusivas, tais como conversas e relações, e não em mudanças estruturais ou materiais. O modo das pessoas serem e estarem umas com as outras parece ser tanto o meio quanto o fim para a proteção da biodiversidade – um ponto de partida surpreendente.)

Os ecossistemas das Planícies do Cabo da Cidade do Cabo, na África do Sul, já foram um mosaico interminável de dunas e pântanos, agora reduzidos a poucos habitats naturais muito fragmentados e, frequentemente, pelo menos parcialmente degradados. Esses fragmentos foram identificados, priorizados e mapeados por agentes de conservação para ao menos garantir a sobrevivência de uma amostra representativa do que essa natureza foi um dia. (Dado que a Cidade do Cabo está situada dentro do menor, porém mais rico e diversificado reino vegetal dentre os seis existentes em nosso planeta, esse é realmente um patrimônio da humanidade.)

As planícies do Cabo, após o Apartheid, cobriam uma vasta área, significativa por seu alto nível de fragmentação social. A fragmentação era demarcada no espaço pelas linhas de trem designadas para separar as comunidades de acordo com a cor da pele durante o Apartheid. As Planícies do Cabo começam além dessa linha, onde, sob o regime do Apartheid, os "brancos" e muito ricos viviam em frondosos subúrbios nas encostas da Table Mountain. Essa área se estende para as afora da maior comunidade da Cidade do Cabo, sendo a mais distante da montanha e das oportunidades econômicas, onde os residentes são provavelmente "pretos", desempregados, portadores de HIV/AIDS, vivendo apertados em barracos que se espalham em conjuntos informais, com acesso inadequado a serviços básicos, tais como água, saneamento e eletricidade. Entre esses dois extremos, as comunidades "creole", como são chamados os "pardos", vivem ensanduichadas tanto nesse espaço quanto nas escalas de iniquidade, estando a maioria muito mais próxima dos seus concidadãos pretos do que gostaria. A fragmentação marca o tecido social com a atuação de gangues, os altos níveis de uso de entorpecentes, a criminalidade disseminada, os níveis extremos de pobreza. Desde o advento da democracia em 1994, as pessoas vivem nessas comunidades diversas como cidadãos iguais perante a lei, mas tanto as fraturas espaciais, quanto as menos tangíveis de discriminação e iniquidade, mostraram-se difíceis de serem consertadas, atravessadas, transformadas.

O trabalho do setor de conservação da natureza na Cidade do Cabo refletia a fragmentação social da cidade. A prática de conservação, até então, estava direcionada apenas para a conservação do *fynbos* (vegetação típica da região) da Table Mountain e para sua bela península através do engajamento das ricas comunidades "brancas" ao redor da montanha. *Historicamente, essa prática estava empenhada em proteger a natureza das pessoas, vendo as pessoas como sendo separadas da natureza e, primordialmente, como uma ameaça à natureza. Globalmente, a prática de conservação tem dado uma ênfase excessiva à conservação de espécies ao invés de promover um funcionamento ecológico saudável.* Assim, toda a abordagem ambiental havia sido marcada pela ausência de um sentido voltado para a complexidade, a interconexão, o movimento constante dos processos vivos. Ela sempre focava nas partes ao invés do todo, em coisas ao invés de em processos, e em separação ao invés de em integração – mantendo efetivamente a fragmentação espelhada nos níveis ecológicos e sociais. (O tecido social espelha a imagem do meio ambiente – o todo e o cuidado de um lado, fragmentação e abuso de outro; uma comunidade salvaguardada, a outra sofrida e ignorada. Uma imagem de uma relação não apenas entre comunidades diferentes, mas entre a comunidade das pessoas e a comunidade da natureza; parece que, afinal, não estamos tão separados assim da natureza, embora nossas ações pareçam ter essa separação como premissa.)

Nesse contexto histórico e fragmentado – cujo reflexo era também visível nas instituições estaduais responsáveis pelo manejo dos sistemas naturais daquela área – à Cape Flats Nature foi formada por ativistas sociais e ambientais que defendiam a ideia nova e radical de que as pessoas são parte da natureza e devem ter um papel (uma participação ativa) na conservação e melhoria do meio ambiente. Esses ativistas almejavam a integração, a integralidade em vários níveis – entre as pessoas e a natureza, entre comunidades, entre indivíduos de várias organizações e departamentos que, por sua vez, lutavam para encontrar uma forma de trabalharem juntos para além das repartições e controles burocráticos. Eles exercitavam a delicadeza, a nuance e a abertura, com coragem e vulnerabilidade, desbravando novos terrenos onde as perguntas ocupavam o lugar das respostas.

A intenção que deu origem à Cape Flats Nature não era nada menos que fundamental, virando de cabeça para baixo o modo de se ver o mundo – não era para "conservar a biodiversidade", até então o apelo mobilizador de todo o trabalho ligado ao meio ambiente, mas sim para ajudar a tornar a natureza acessível (e significativa) para todos. Para muitos, a intenção real desse ativismo ainda não era enxergada e, na verdade *nem poderia* ser enxergada ainda, porque ela não era nem capaz de sequer ser pensada; os mais conservadores, ligados à conservação da natureza, permaneciam motivados por seus pressupostos e pelo propósito de se mobilizar recursos para a conservação da biodiversidade. Para eles, o trabalho da Cape Flats Nature se limitava a conseguir "comprar a entrada" na comunidade para remover as "ameaças" que as pessoas representavam para as reservas naturais e, no nível político, persuadir os tomadores de decisão de que a biodiversidade valia o seu investimento. Mas, de fato, o trabalho, como Tanya o descreve, era *construir relevância e sentido para a vida cotidiana de pessoas comuns vivendo ao redor de reservas naturais, contribuindo para o que era importante para as pessoas daquele lugar através do fortalecimento dos processos comunitários locais. Era tanto sobre o atendimento das necessidades da comunidade através da conservação da natureza, quanto sobre a facilitação de ações de conservação como uma parte da vida em comunidade. Era sobre construir uma compreensão de como os sistemas naturais sustentam a vida em nossas cidades, entendendo que as pessoas precisavam vivenciar isso de maneira tangível; as próprias pessoas precisavam se tornar algo diferente. A noção arraigada entre os conservacionistas tradicionais de que "a biodiversidade vem em primeiro lugar" era profundamente desafiada ao se tentar facilitar um cuidado entre os cidadãos para que pudessem compreender, por si mesmos, o que era viver sendo parte dos processos naturais, melhorando seu bem-estar ao desenvolver intimidade com esses processos.* (Uma interessante evocação do mundo "surgindo a partir da conversa", descrito antes.)

Esse trabalho ativista, o trabalho de deslocar a consciência e as relações em vários níveis, quase sempre conflitantes, não através da tentativa de coagir e convencer, mas oferecendo oportunidades abertas para um real engajamento, desafiou cada osso do corpo de ativistas; os enigmas do ativismo passaram a ser seus companheiros constantes de jornada. A Cape Flats Nature começou com uma aliança de visão entre os conservacionistas radicais e os ativistas sociais, oriundos dos movimentos sindicais e do anti-apartheid. Ela foi iniciada com um processo participativo de elaboração de projeto e uma prática de campo voltada para o estímulo de ações de conservação na comunidade, baseadas na experiência de organização de grupos sociais. O processo foi estabelecido ao redor de uma questão central com a qual muitos lutaram para encontrar uma resposta: *como conservar a biodiversidade em um contexto de extrema pobreza?* Por ser uma pergunta, e não uma resposta ou um programa, havia liberdade para se abordar o trabalho de modo exploratório, incluindo no processo o imperativo de se aprender com ele. E, mais uma vez, o grupo podia se valer de sua experiência ativista em organizações locais para ir construindo a liderança, camada por camada, em condições muito desafiadoras e que mudavam rapidamente – atuando de maneira relevante e específica ao local, com base em uma leitura única de cada uma das comunidades específicas, realizada conjuntamente com os atores dessas comunidades.

Assim, uma rudimentar prática de aprendizagem organizacional foi levada para a construção de parcerias comunitárias. Ela também foi levada para dentro do grupo de mentores de uma equipe de jovens conservacionistas, então contratados para serem os primeiros gestores das reservas naturais das Planícies do Cabo; estes haviam recebido um treinamento convencional para cuidar de plantas e animais, e agora estavam sendo solicitados a construir uma prática que atendesse tanto a fragmentação ecológica quanto a social (consideradas como um todo).

Com tudo isso, os prévios engajamentos e articulações da Cape Flats com sua prática começaram a tropeçar em alguns dos enigmas do ativismo. Todas as pessoas estavam profundamente comprometidas com uma visão e uma prática sem precedentes, que elas não sabiam se funcionaria, que elas não sabiam como fazer (apenas intuíam). Então houve momentos em que elas tropeçaram feio. Elas alienaram das conversas os oficiais de conservação através de suas críticas violentas e estridentes e de sua presunção, sem dar o devido crédito à dedicação desses oficiais e seu compromisso de tantos anos com o cuidado, proteção e manutenção da saúde dos ecossistemas. Essa posição adversária levou à polarização, obstruindo, ironicamente, o espaço para transformação. Elas se vangloriaram, promoveram, postularam o sucesso de seu trabalho antes de realmente terem sido capazes de demonstrar qualquer coisa significativa, para obter fundos e ganhos políticos de curto prazo. Elas impingiram suas agendas, às vezes passando até por cima dos processos de diálogo que lhes eram tão caros. A luz de suas convicções incandescentes também revelava os seus lados obscuros – um tipo de impulsividade que facilmente pode transformar um ativismo radical no tipo de conservadorismo fundamentalista contra o qual se está lutando.

A Cape Flats Nature não havia compreendido e, portanto, ainda não conseguia articular o valor de sua própria prática. Ela estava tão ocupada tentando demonstrar o que era possível, que sua prática mais sutil de organização social e de aprendizado tornou-se inacessível, tanto para ela própria quanto para as instituições que tentava transformar.

Ainda assim, toda vez que elas passaram dos limites, foram salvas e aprenderam um pouco mais, graças às observações e conversas profundas que faziam – como prática crescente – tanto dentro da equipe, quanto entre a equipe e com quaisquer outras pessoas com as quais elas trabalhavam. A cada vez que elas conseguiam retroceder diante da iminência de serem mais uma tentativa ativista que acaba presa ao modo convencional de fazer as coisas (o que era alcançado graças a rigorosos e sofridos processos de autorreflexão), elas melhoravam sua prática incomensuravelmente, podendo assim entrar cada vez mais e mais profundamente nas situações em que atuavam, de tal modo que a mágica ordinária de sua presença acabava fazendo milagres. Elas nunca foram menos ativistas ou menos delicadas; elas caminhavam sobre essa linha tênue, mesmo quando o caminho obscurecia, até outra vez conseguir chegar à luz, tropeçando várias vezes para então conhecer a real delicadeza do caminho de ativismo que estavam trilhando.

Então, a Cape Flats Nature usou sua primeira avaliação para articular sua prática e sua intenção, já presentes em sua visão fundadora. Originada no trabalho de campo inicial, essa prática ainda corria o risco de se perder nos meandros do modelo institucional em que ela existia (ainda que este fosse contestado). Os princípios implícitos fundamentais – de sua prática e da relação com a natureza – foram trazidos à tona e expressados, fortalecidos pelo processo de compreensão. O que foi trazido para o primeiro plano, através desse processo de avaliação, foram as práticas de escuta, de reflexão interna (não apenas reflexão estratégica) e a necessidade de um engajamento diferenciado com as instituições locais do governo e de conservação (instituições estas que também se tornaram um foco da prática e não mais apenas "beneficiários" da comunidade). Esse foi o ponto de virada que abriu a Cape Flats Nature para o desenvolvimento mais articulado de uma prática que integrava essa abordagem de intervenção e responsividade de maneira mais consciente e sistemática.

Ao ser capaz de articular com maior clareza sua própria visão, o espaço se abriu para a inovação e a criação de métodos – tanto dentro do grupo como na relação com os parceiros das comunidades e das instituições – que eram mais congruentes com uma prática orgânica que possibilitava que o trabalho nas bases comunitárias e nas instituições fossem exercidos com maior clareza, sensibilidade e habilidade incorporada.

À medida que o projeto se fortalecia, ao ser capaz de se entender e se articular, os gestores de conservação iam melhorando suas habilidades de atravessar polaridades complexas presentes nos diferentes aspectos do desempenho de suas funções e nas diferentes formas e lugares de prestação de contas. Eles tinham que ser tanto ativistas quanto gestores, tinham que conviver com prestações de contas contraditórias (para as comunidades e para seus empregadores); eles tinham que trabalhar com plantas e animais e pessoas.

As observações de Tanya sobre essa prática emergente são marcantes. *Essa é uma interface delicada, muitas vezes expressa duramente como se fossem opostos. Não é sobre o jeito certo ou errado, mas sobre encontrar um caminho dentro do contexto específico daquele momento* e adaptar o caminho à medida que o tempo passa e o contexto muda. Não é sobre a busca de uma fórmula aplicável, mas sim sobre a ampliação de uma consciência aumentada.

Compreendemos que o que estava sendo pedido é que entrássemos em cada comunidade com humildade, abertos para um modo diferente do nosso, das pessoas conhecerem, entenderem e valorizarem a natureza, e diferente daquele representado nos mapas, a partir dos quais nossas prioridades foram determinadas. Ao mesmo tempo, o que estava sendo pedido de nós é que fôssemos honestos e explícitos sobre nossos propósitos, sobre o preceito conservacionista com o qual trabalhávamos, sobre nossa paixão pela natureza e tudo que ela tem a oferecer. A autenticidade parecia estar exatamente nesse acolhimento da polaridade.

O foco na conversa – entre comunidades e dentro de comunidades, entre comunidades e profissionais, entre pessoas e natureza, entre ecologias que incluíam pessoas e natureza – era um processo mágico, nunca uma técnica ou uma tecnologia, nunca um procedimento ou um exercício. Se olhado superficialmente, era difícil distinguir esse processo mágico da adesão alcançada junto às partes interessadas. Na superfície, esse processo mágico é difícil de ser diferenciado de uma "adesão"; de fato, essa diferença é quase imperceptível, derivada de uma tranquila dignidade subjacente proporcionada pela intenção comum e pelo respeito à diversidade em nossos relacionamentos com os parceiros da comunidade. Talvez a diferença tenha algo a ver com respeito e amor pelo processo em si, em vez do sabor mais instrumental indicado pelo uso da expressão "adesão", que enfatiza uma orientação para metas, quando de fato se torna claro que, em processos sociais, a meta não poderia ser nada além de um meio. É algo que tem a ver com proximidade, intimidade e presença não mediada.

Tudo isso é mais fácil falar do que fazer, principalmente quando se está tentando realizar algo sem o uso de meios utilitaristas – para manipular o mundo, mesmo que de forma benigna – mas, ao invés disso, esperando poder trabalhar de forma a permitir que um futuro escolhido com mais consciência e participação possa emergir. É difícil mesmo entender a diferença entre um ativismo que "age sobre" – de fora – de um ativismo que "extrai de dentro".

A complexidade era e continua sendo imensa. O trabalho precisa ser feito junto com as comunidades para ajudá-las a começar a se envolver. O trabalho deve ser feito com os agentes de conservação e os funcionários públicos para ajudá-los a começar a se envolver. O estado das reservas naturais das planícies do Cabo tem que mudar, elas agora precisam ser protegidas (conhecidas? amadas?) e cuidadas pelas comunidades que as cercam (mais do que pelas autoridades oficiais); essas comunidades então precisam participar da vida das reservas. Mas esse é um processo gradual e, frequentemente, contraditório, cheio de invertidas e ironias, pois as comunidades só irão participar quando aprenderem a participar e isso só acontece participando, e as autoridades oficiais ainda têm que gerir as reservas ao mesmo tempo em que abrem mão de sua necessidade de gestão. Esse tipo de mudança não pode ser legislado, ele tem que ser vivenciado, porque sua intenção é *mudar a relação entre as pessoas e a natureza, entre os diferentes grupos de pessoas e suas atuações específicas na natureza, entre os diferentes grupos de pessoas e suas reações entre si; tudo isso tem a ver com a metamorfose das relações, com a reviravolta gradual e quase imperceptível das múltiplas relações, delicadamente, de dentro para fora.*

Isso exigia que nós e nossos parceiros realmente nos conhecêssemos para que tivéssemos as conversas difíceis desde o início e trabalhássemos com as difíceis questões que surgiam ao implementar atividades juntos. Portanto, as práticas por si só talvez fossem mesmo muito simples, mas o envolvimento que acontecia ao redor delas era mágico. E essa mágica não era do tipo mar de rosas, sem obstáculos, ela foi conquistada através das dificuldades de se trabalhar as coisas para atravessá-las com a profundidade de envolvimento que isso demandava. Ironicamente, talvez possamos dizer que as coisas eram mágicas por serem reais e não forjadas de alguma maneira. Elas eram, na verdade, hiper-reais; reais não apenas por terem uma vida interna áspera e autêntica, mas reais no sentido de serem vivenciadas estando-se presente para elas (através da reflexão), em vez de simplesmente passar por elas despercebidos, como quando deixamos de ver as flores porque nossa mente está ausente, preocupada com coisas não presentes. Nesse sentido, havia também um encontro entre o ecológico e o social formando um todo menos fragmentado — assim como esperávamos que as pessoas começassem a ver o valor e a beleza da natureza, nesse movimento elas começaram também a ver o valor e a beleza do processo social como uma forma de totalidade ecológica. Elas estavam começando a perceber o esforço exigido para se manter um ambiente vivo em todos os níveis através do encantamento e do desafio de se prestar atenção.

Como Tanya observa: *Para quem via de fora, os resultados pareciam sempre mágicos, como se uma teia de proteção tivesse sido milagrosamente tecida onde antes havia apenas guardas florestais solitários em seus uniformes cáqui à beira do desespero. Começamos escutando, queríamos* **compreender**. *Não estávamos trabalhando em prol de um conjunto de princípios e diretrizes, não tínhamos uma fórmula ou um manual a partir do qual trabalhar. Estávamos fazendo o que nos parecia fazer sentido, porque de certa maneira nós sabíamos que tínhamos que praticar aquilo que queríamos ver emergir e, então, praticávamos simples atos de humanidade e comunidade – como conversar, ouvir profundamente, mostrar respeito pelo que era e o que havia sido, reconhecendo que qualquer coisa que surgisse ali seria tanto uma semente do que nasceria, quanto o produto do que havia antes. Nós nos dedicamos a prestar atenção, a prestar atenção à vida que estava se transformando e mudando ao nosso redor o tempo todo, e às interconexões entre todas as coisas. Não porque tivéssemos chegado com ideias sobre as "melhores práticas", mas simplesmente porque queríamos nos relacionar como seres humanos inteiros.*

E esse espírito de aprender e compartilhar, da conversa constante, do retorno contínuo aos fenômenos aos quais estávamos, coletivamente, prestando atenção – para evitar abstrações verborrágicas e regulamentações – tudo isso carregava o próprio significado de tudo aquilo com que estávamos envolvidos. A comunidade de alguma maneira sabia, intuitivamente, que esses processos seriam cruciais para sua transformação, para o movimento de integração do todo formado pelo social e pelo ecológico – e que esses iriam muito além do que quaisquer regulamentos administrativos, planos de intervenção, objetivos estabelecidos ou modelos estruturados jamais conseguiriam.

"...nós sabíamos que tínhamos que praticar aquilo que queríamos ver emergir e então, praticávamos simples atos de humanidade..., reconhecendo que qualquer coisa que surgisse ali seria tanto uma semente do que nasceria, quanto o produto do que havia antes."

Tanya Layne

O MILAGRE DA SIMULTANEIDADE
Uma dinâmica delicada

O fato é que a observação genuína, em que realmente se presta atenção a um fenômeno, sempre revela coisas que não havíamos visto ainda ou compreendido antes, independente de quanto contato já tivemos com esse fenômeno até então. (A observação simples, porém rigorosa, é um exemplo de "mágica ordinária" – não há nada de esotérico nela, embora ela nos submerja em um mundo animado de profundidade e vivacidade que transformam o ordinário em magia, sem torná-la menos ordinária por isso.) Sendo assim, ao pensarmos sobre a prática descrita nas páginas anteriores, talvez enxerguemos apenas um outro bom exemplo de prática, sem nenhuma particularidade radical. Mas, se observarmos mais de perto, talvez sua significância comece a emergir algo do que "mágica ordinária" pode significar.

Comecemos olhando para o que realmente aconteceu no local. Ninguém está dizendo que as comunidades, ou o estado da biodiversidade, ou os funcionários de conservação e seus departamentos, tenham vivido uma epifania extraordinária e que os problemas complicados e intrincados tenham sido milagrosamente resolvidos. Não: a pobreza ainda persiste, assim como o advento das drogas, das lutas entre gangues, a banalidade das rotinas e procedimentos burocráticos, o elitismo conservacionista e fundamentalista; a própria natureza continua ameaçada. Ainda assim, muita coisa mudou e continua se transformando gradualmente, mas agora ganhando impulso em pequenos estágios e fases que afetam e são afetados entre si, e é como se sementes de uma comunidade diferente, de uma abordagem diferente para a vida, estivessem começando a emergir.

Há mudanças acontecendo nas comunidades, em suas relações entre si e com o meio ambiente em que vivem. Elas estão gradualmente começando a tomar para si a responsabilidade de cuidar de alguns bolsões de natureza onde vivem, e têm feito isso ao prestar atenção, ao começar a apreciar esses mundos antes marginalizados e desconsiderados em seu meio. E, no processo, elas estão passando a conhecer um novo tipo de respeito pelo outro. As pessoas que têm participado e se envolvido estão começando a considerar o outro com o mesmo respeito e apreciação que há tempos não se tinha. Fica claro que a "teia de proteção que foi milagrosamente tecida", na verdade, está sendo tecida pelas próprias pessoas prosperando em seu âmbito.

E as autoridades de conservação ambiental, através de suas interações com a comunidade e através de seu trabalho com os gestores comunitários de conservação, também começaram a se transformar e a transformar suas práticas e maneira de ver sua função. A própria noção de conservação começa a mudar seu significado diante do reconhecimento da observação crescente de que a vida não viceja ao ser preservada, ao se tentar manter as coisas como elas são, mas sim ao se abrir para mudanças, ao permitir a evolução, através da interação e a formação de novas relações... a natureza não precisa ser conservada, ela precisa ser *enxergada, reconhecida, honrada* e *respeitada*. Assim, toda relação entre os conservacionistas e a natureza começou a mudar na medida em que as relações da comunidade com eles e com a natureza começaram a mudar – tudo está se abrindo, revelando uma nova possibilidade; uma sensação de liberdade e mobilidade nas relações começa a se manifestar. Todos os elementos tornam-se porosos entre si.

Em todas essas mudanças, o meio ambiente é um personagem central tanto quanto qualquer outro nessa comunidade mais ampla de relações, e a natureza tem sido uma das principais facetas das mudanças obtidas em todos os setores. Na vida desse processo, nunca ninguém considerou a natureza como uma "coisa" a ser "salva", muito pelo contrário. A natureza tem sido considerada como algo vivo, um organismo inteiro – como muitos organismos – com sua integridade e dignidade próprias, merecedora de respeito, de escuta, tendo uma intenção (a habilidade de intencionar), assim como todo organismo. Tratar a natureza dessa maneira não só mudou a maneira que as pessoas tinham de abordá-la e de se relacionar com ela, mas também permitiu que a natureza fosse recíproca, retribuindo e ajudando a construir as comunidades que com ela se envolviam. Tornou-se óbvio para todos os envolvidos nessa história que o mundo natural não é algo passivo que está lá parado precisando de nossa proteção. A natureza nos protege, ela é ativa ao nos propiciar um modo de ser que nos muda... todos, tudo é *tocado* – ao mesmo tempo.

E nessa última frase – *ao mesmo tempo* – está a chave para um dos aspectos mais mágicos e radicais do processo de transformação, a noção surpreendente e desafiadora de *simultaneidade*. Porque nesse momento central dessa história, tudo está acontecendo ao mesmo tempo. Lógico que há uma sequência ao longo do tempo – falamos de uma transformação gradual e, afinal, certas coisas vêm antes de outras – mas estamos nos referindo à simultaneidade no sentido de que cada mudança que está tendo lugar em determinado momento, está acontecendo não como resultado de outras mudanças, mas *ao mesmo tempo* que as outras mudanças. Enquanto os "gestores" de conservação da comunidade interagem com suas próprias comunidades e com outros oficiais de conservação, os três vão mudando nessa dança miraculosa de simultaneidade porque um afeta o outro, cada um é, *ao mesmo tempo*, "causa" e "efeito" da mudança dos outros. E assim eles não são nem causa nem efeito – na medida em que cada um é visto de maneira diferente pelo outro, eles se tornam diferentes e veem o outro de um jeito diferente. É dessa dança que somos convidados a participar, porque essa é a realidade dançando, essa é a dança da vida, essa é a única maneira através da qual a transformação ocorre: simultaneamente.

A natureza radical da mudança é realçada e vividamente iluminada pelo processo ocorrido nessa história – quando uma coisa muda, a outra também muda; quando uma das partes vê o mundo de um jeito diferente, o mundo muda e assim aquele que o viu diferente, muda à medida que o mundo muda; e tudo isso é gradual, vai tendo lugar ao longo do tempo, mas tudo vai acontecendo ao mesmo tempo. O mundo muda através de nossas mudanças e nós mudamos através das mudanças do mundo. Essa é uma fenomenologia da mudança e reflete as afirmações feitas antes, quando falamos da compreensão fenomenológica: "nós trazemos algo para o mundo e ele nos traz algo e essa relação é tão cheia de contradições e complexidades aparentes que ela se torna algo sublime e quase mágico". Ainda assim... *"esse estranho surgir através da conversa é, afinal, o mundo real".*

Então o que isso significa para o ativista, para aquele que faz uma intervenção? Nós vimos como o processo de mudança é "mágico" – ele não pertence a lugar algum, mas está em todo lugar; ele não pertence a um protagonista, mas a todos; quando algo muda, tudo muda e até mesmo os que resistem às mudanças acabam sustentando uma situação moribunda para todos, não só para si próprios. Como um ativista pode trabalhar com tal complexidade, com tal dinâmica viva? Bem, de acordo com a história contada acima, é através do envolvimento e não *tentando mudar diretamente* o mundo ou uma parte dele, mas sim, antes de qualquer coisa, prestando atenção a como o mundo é, notando como ele se expressa e então *tentando engajar o mundo em um diálogo consigo mesmo (e conosco), para que ele se revele para si mesmo e assim mude por se enxergar de uma maneira diferente.* Em outras palavras, encorajando a ordinária e sublime arte da conversação.

Chegar como o "expert" que sabe como planejar intervenções para atingir determinados resultados seria negar os próprios fundamentos fenomenológicos de mudança sobre os quais temos falado; não apenas porque esse grupo de ativistas não estaria entre os outros da comunidade como um igual (aberto a mudança, a se engajar em uma verdadeira conversa aberta, a mudar de perspectiva, a prestar atenção, a aprender a partir da observação), mas também porque suas relações, dentre todas as outras relações, provavelmente é uma das mais resistentes a mudanças. Chegar para trabalhar com uma dentre várias comunidades, ou com somente um aspecto dela – seja uma reserva natural, as comunidades que a cercam, os agentes de conservação ou sua burocracia – nega a natureza simultânea da mudança latente no todo de um organismo vivo e presume a existência da linearidade e do processo de causa e efeito em mudanças. Chegar provendo recursos, ou se envolvendo em projetos de tempo determinado voltados para mudanças materiais, seria não reconhecer que o *locus* da mudança não reside nas partes ou nas coisas, mas nas relações entre os membros do todo. Chegar fazendo pesquisas para serem usadas como suporte para *lobbies* e defesa de direitos voltados para mudanças de modelos e métodos de políticas de implementação destas mesmas políticas, é presumir que a situação pode ser mudada de fora – pelo ativista, pela estrutura, por um conjunto de regras e regulamentos, por intervenções planejadas.

No entanto, como ativistas, nós realmente fazemos as coisas citadas acima. Então o que foi que esse grupo fez de diferente? Bem, eles fizeram todas essas coisas em um ou outro momento – afinal, nenhuma dessas ações poderia ser deixada de lado – mas sempre como resposta a uma compreensão específica subsidiando um modo particularmente ecológico de se trabalhar. E "chegar" a essa compreensão não é algo fácil.

(Parece que, uma vez apreendida, começamos a ver simultaneidade por todo lado. O aprendizado profundo pode surgir como uma revelação, mas ele também é sempre a confirmação de algo mais profundo dentro de nós que não sabíamos que sabíamos.) O grupo parece ter começado com certos palpites sobre o terreno no qual estavam adentrando e esses palpites, atuando como sementes de intenções, funcionaram como uma levedura permitindo que a prática emergisse e refletisse de volta suas intuições originais, sendo aprofundada e tornando-se mais robusta e viva através desse aprofundamento. Um desses palpites era a percepção de que, por estarem lidando com um mundo vivo e complexo de relações intrincadas, em que um todo vivo tudo está afetando tudo e tudo está em constante fluxo de mudança (uma noção básica da ecologia para os que trabalham com processos naturais), então eles mesmos eram parte desse todo complexo no qual estavam "intervindo", e sendo assim, o todo reagirá ("emergirá, surgirá") exatamente da mesma maneira como eles trabalharam no processo. Ou seja, nada poderia ser feito para alguém a fim de se gerar mudança, o futuro emergiria do modo como eles atuassem no presente, como fizessem seu trabalho, do foco que escolhessem e, especialmente, do modo como eles enxergassem as coisas. Como disse a Tanya, *nós sabíamos que tínhamos que praticar aquilo que queríamos que emergisse e assim praticamos simples atos de humanidade...* Em outras palavras, eles decidiram praticar "humanamente" (embora eles tivessem que descobrir o que isso significava, que isso implicava ouvir e respeitar o outro, agindo "a partir de" e "em direção à" dignidade e à integridade, e assim por diante).

Sem saber o significado exato de "praticar simples atos de humanidade" e sem saber realmente como lidar com as complexidades que tinham diante de si, eles sabiam que tinham que se embeber de uma *atitude* de observação (e aprendizado). Toda interação, todo ato, toda relação eram sujeitos a um intenso escrutínio. Eles sabiam que não podiam simplesmente chegar com uma atitude de tentar mudar os outros, mas que, em vez disso, tinham que entrar com uma abordagem que os abrisse para aprender sua prática a partir da situação na qual estavam praticando. Esta aparente contradição não pode ser deixada de lado se o desejo é o de trabalhar com processos de mudança complexos; ela tem que ser sustentada com integridade pelo praticante.

Pois toda situação é absolutamente única e toda situação é viva. Então eles sabiam, mas o que eles sabiam acima de tudo é que eles não sabiam. Eles se dedicaram a observar e a conversar.

Tudo que eles observavam era compartilhado, tudo que eles aprendiam mudava o que vinha a seguir, e continuava mudando à medida que enxergavam um novo aspecto do fenômeno, da situação diante deles. Seu maior esforço era se manterem abertos e intencionados (simultaneamente). Então, ao invés de trabalhar de modo planejado em direção a um objetivo ou meta, eles trabalhavam responsivamente, mas a partir de suas mais profundas intenções, para permitir que o todo encontrasse sua integridade, sem se importar com o aspecto que ele pudesse ter. (Tanya nota que eles nunca tinham certeza de nada, que a riqueza da prática está justamente no lugar da dúvida; eles estavam constantemente investigando para descobrir qual era realmente sua prática até que eventualmente a enxergaram como "uma atividade intencional que tateia seu caminho para avançar através da investigação".)

Sabendo que eles estavam trabalhando o todo também significava nunca tirar os olhos – literalmente, usando suas faculdades de observação – de toda a miríade de relações que torna o todo o que ele é. Seus sentidos passaram a sintonizar as *mudanças nas relações*, as muitas mudanças nas várias relações. E talvez eles tenham aprendido o que intuitivamente já sabiam: que todas as relações mudam se uma mudar, e que as teias de relações são interligadas, tornando impossível diferenciar causa de efeito, portanto eles tinham que manter os olhos nisso tudo ao mesmo tempo. Essa ênfase, esse posicionamento das relações no primeiro plano significa que a transformação das relações se torna a essência de toda prática ativista, e isso deixa transparecer que transformação, de fato, *significa* mudança de relações. É tudo tão óbvio e inesperado! Nossa tendência é manter os olhos voltados para as coisas, mas as relações invisíveis vistas inadvertidamente pelos cantos de nossos olhos são tanto o meio quanto a meta do ativismo direcionado para mudanças.

A Cape Flats Nature, em sua intensa prática de observação, tinha os olhos voltados não apenas para o lugar onde havia chegado, mas também para o caminho que a levou até lá, para os processos e não apenas para os produtos (ou os resultados ou as entregas). E por "saber" desde o início que seu "jeito de ser e trabalhar" – sua prática – teria um papel significativo na mudança (ou não) do todo, eles observavam seus próprios processos com maior intensidade do que qualquer outro. A Cape Flats Nature estava sob o escrutínio da Cape Flats Nature, constantemente, inexoravelmente. O rigor e a coragem dessa prática disciplinada de auto-observação destacam-se como uma das práticas centrais que lhes permitiu fazer o que fizeram, associada a uma (extraordinária) compreensão sobre a observação em si que entende que o que tem importância primordial não é o aprendizado que pode surgir da observação, mas a prática da observação em si. É a *atividade de observação* que transforma (o aprendizado está no *ato de observar*, mais do que naquilo que está sendo observado). É nessa atividade de observação que as pessoas mudam.

Talvez tenha sido este o ingrediente ativo da "mágica ordinária" que possibilitou a transformação: aqui a prática ativista obtém sua força não daquilo que se faz *para* uma situação, mas de como o ativista observa essa situação (e a si mesmo nessa situação). Existe, sim, uma intervenção, existe atividade (observar também é um "fazer"); mas a atividade é uma *receptividade ativa*, o exato reverso do que normalmente imaginamos ser central em uma intervenção efetiva. Logicamente, há uma participação em muitas atividades, mas no cerne de todas elas estão essa receptividade ativa, essa qualidade observacional, essa abordagem reversa. Essa abertura para *ser mudado*, por parte do ativista, ao invés da insistência contundente para provocar mudanças no outro ou na situação.

E, bem no coração dessa transformação miraculosa, outra observação sobre o poder da observação arrebatou os ativistas da Cape Flats Nature. Eles notaram que tendo mais e mais pessoas e grupos observando ativamente, prestando atenção a si mesmos e aos outros, mais o antagonismo limitante característico das relações até então ia caindo por terra, se dissolvendo, evaporando como neblina. Isso foi uma revelação para os praticantes que, como eles mesmos expressaram, *para a pessoa que realmente está prestando atenção, não existem adversários!* Se tudo isso tem a ver com relações e você estiver em busca de integridade, e você *realmente quer enxergar o que está acontecendo*, então todo elemento, todo aspecto é parte daquilo que você tem que escutar, nada pode ser ignorado; e então – não há realmente lugar para adversários, para uma abordagem adversária! Esse é um jeito diferente de se enxergar ativismo. Se levarmos a sério essa compreensão da simultaneidade, em vez de dar lugar a uma constante reatividade, a delicadeza da dinâmica com a qual as partes se relacionam dentro do todo indica que cada parte e cada momento são, de certa forma, sagrados, relacionados – e implicados.

Dada essa imagem de simultaneidade, da miraculosa delicadeza da dinâmica que desdobra o todo, temos que a real "intervenção" que abre a situação para mudanças é a muito simples e humana arte de conversar. Ao se iniciar uma conversa, cada protagonista é chamado a se abrir para enxergar a situação de um modo diferente, a aprender sobre o outro, e à medida que fazem isso, a situação muda (na verdade ela já está diferente desde o momento em que foi olhada de maneira diferente), e à medida em que a situação se abre, cada protagonista se abre e a situação começa a se transformar. A conversa – um tipo de *reciprocidade viva de observação* – era e é o cerne da prática ativista da Cape Flats Nature (embora como projeto a Cape Flats Nature tenha deixado de existir, sua prática continua e continua a transformar as relações entre comunidades e a natureza das Planícies do Cabo). Essa é a "mágica ordinária" de um ativismo delicado, reflexivo. Não é que toda conversa vai possibilitar a mudança de uma situação, ou que a conversa por si só sempre mudará as situações, mas, se a transformação tiver que acontecer, ela vai acontecer através de todas as relações mudando simultaneamente (mesmo que de modo imperceptível) – é a situação conversando consigo mesma.

"O tipo de atenção que prestamos ao mundo muda o mundo ao qual estamos prestando atenção."

Iain McGilchrist

UMA INESCAPÁVEL RECIPROCIDADE
Ativismo Delicado

Desesperados com o atual estado das coisas, tentamos, desesperadamente, mudá-las. Um (justificável) sentido de urgência e revolta acompanham esse desespero, junto com um entusiasmo por uma vida em sociedade mais alinhada com nossos próprios valores e perspectivas. Partindo de um profundo sentido de necessidade, paixão e convicção, zarpamos para salvar o mundo. E justamente aí está nosso maior desafio, a nossa potencial ruína. Como pudemos perceber na parte anterior deste texto, nosso entusiasmo, paixão, urgência e desespero desencadeiam, em um terrível ato de ironia, o potencial conservadorismo que está à espreita nas entranhas do ativismo. Ele perpetua o instrumentalismo que, inadvertidamente, presume a existência de um mundo mecânico e nos deixa do lado de fora do campo em que estamos trabalhando (e acabamos sendo os últimos a chegar a nós mesmos, se é que chegamos).

Mas quais são as alternativas? Devemos aquiescer, desistindo de nossa convicção e nosso ultraje e nossa humanidade, aceitando um mundo insustentável e injusto e, simplesmente, sucumbindo? Não, essa não é a resposta de maneira alguma, porque isso acaba sendo simplesmente a defesa de uma postura não-ativista, isso não nos leva ao cerne do desafio ativista. Não nos leva *até o outro lado do ativismo* e assim deixa o campo aberto para aqueles que veem as questões sociais e ambientais como problemas mecânicos a serem consertados, e não como momentos desafiadores na evolução de nossa humanidade. Como ativistas, não podemos evitar a ironia do ônus desse conservadorismo e desse instrumentalismo; ele é a chave para a evolução do ativismo em si, assim como para a essência do ideal humano. Porque o ativismo está no cerne de nossa humanidade; nossa luta por um futuro melhor é a essência de nossa humanidade.

Há alguns anos, em uma palestra dada no Fórum Econômico Mundial de 1992, um dos ativistas modernos mais marcantes e poderosos, o dramaturgo tcheco, dissidente, prisioneiro político e por fim presidente Václav Havel, disse o seguinte:

"Estamos tentando lidar com o que nós desencadeamos ao empregar os mesmos meios que usamos: receitas, novas ideologias, novos sistemas de controle, novas instituições, novos instrumentos para eliminar as horríveis consequências das nossas receitas anteriores (...) Tratamos as consequências fatais da tecnologia como se elas fossem um defeito técnico que só pode ser remediado pela tecnologia. Estamos procurando uma saída objetiva para a crise do objetivismo. Tudo parece sugerir que esse talvez não seja o caminho a ser seguido. De dentro da moderna atitude tradicional que temos para lidar com a realidade, não conseguimos conceber um sistema que eliminará todas as consequências desastrosas dos sistemas anteriores... O que se faz necessário é algo diferente, algo maior. A atitude do ser humano no mundo precisa mudar radicalmente. Temos que abandonar a crença arrogante de que o mundo é um mero quebra-cabeças a ser solucionado (...) Temos que libertar da esfera desse capricho privado (...) a habilidade de enxergar as coisas como os outros enxergam, (...) as coisas precisam ter mais uma chance de se apresentarem sozinhas como elas são, de serem percebidas em sua individualidade (...) devemos nos esforçar mais para entender do que explicar."[9]

---

9 HAVEL, Václav. Address to the World Economic Forum, 1992, disponível online em: http:www.compilerpress.ca/competitiveness/Anno/Anno%20Havel.ht.

Havel acabou se retirando da política antes da hora (embora tenha dedicado seu tempo à sua prática como artista) e, ao fazê-lo, comentou estar entristecido pela sensação crescente de que até seu próprio governo agora estava começando a perpetrar as mesmas coisas contra as quais ele havia lutado e resistido em seus dias como ativista e dissidente rejeitado pelo regime comunista anterior... seu próprio ativismo estava começando a ficar conservador, a se virar contra seus próprios ideais. Nesse estágio (e idade) ele não tinha mais a energia para resistir a essa virada tão imperceptível para os que estavam ao seu redor. Foi preciso a sensibilidade de um artista até para perceber a virada.

Essa virada vai continuar acontecendo até que possamos entender a natureza verdadeiramente radical de um ativismo que vai além da tendência inerente de se escorregar para dentro da própria sombra do conservadorismo. Tal compreensão só poderá advir do reconhecimento da natureza fenomenológica de um ativismo verdadeiramente radical. Tal reconhecimento está relacionado à capacidade de enxergar que o próprio modo como pensamos afeta e muda o mundo que enxergamos... não subjetivamente (só para mim porque eu enxergo dessa maneira), mas na realidade... o mundo se torna o modo como o vemos, porque ele surge primeiramente através do modo como o vemos... é esse encontro que constitui o mundo fenomenológico, o mundo dos fenômenos nos quais vivemos.

Um ativismo verdadeiramente radical, portanto, leva a sério essa ideia de que o modo como pensamos o mundo, como o vemos, tem mais poder de transformar ou de subjugar, do que qualquer ação notória que possamos empreender (todas as ações, de qualquer maneira, estão calcadas no modo como pensamos). Um ativismo verdadeiramente radical, portanto, abordará o mundo com suas sensibilidades totalmente abertas para a simultaneidade e reconhecerá que ele não pode simplesmente agir sobre o mundo que vê, mas que, de fato, ele é o mundo que ele vê, que ele confronta. Um ativismo verdadeiramente radical, então, não falhará em reconhecer que ele vive dentro do mundo que está tentando mudar, que qualquer mudança implica em sua própria mudança e dela decorre. Um ativismo verdadeiramente radical reconhecerá que ele é o mundo que está tentando mudar (como observa Jung, "e se eu descobrir que eu mesmo sou o inimigo que precisa ser amado – o que acontece, então?").[10] Um ativismo verdadeiramente radical não hesitará diante do auto escrutínio, na verdade o considerará fundamental para seu próprio credo ativista, algo sem o qual seria impossível de se viver (porque, no mínimo, como nota Wittgenstein, "se você não está disposto a saber o que você é, o seu estilo será uma espécie de fraude" e "qualquer pessoa que não estiver disposta a mergulhar para dentro de si mesma porque é dolorido demais, vai permanecer superficial").[11] Um ativismo verdadeiramente radical perceberá que sempre se está trabalhando de dentro para fora e que o modo como ele vê o mundo vai se tornar o mundo que ele vê. Um ativismo verdadeiramente radical vai entender que o mundo que surge a partir da conversa é o mundo real e que a conversa é a atividade central do ativista radical (e que essa conversa não acontece apenas entre ele e o outro, mas consigo mesmo também). Um ativismo verdadeiramente radical reconhece que é como vemos e como pensamos que transforma, muito mais do que aquilo que proclamamos. Um ativismo verdadeiramente radical reconhece que aquilo que somos é aquilo em que o mundo se transformará, portanto, a autocompreensão profunda está no cerne dessa abordagem. A conversa genuína exige tanto autorreflexão quanto abertura ilimitada; e a conversa genuína é o caminho a ser atravessado para se chegar ao lado verdadeiramente radical do ativismo.

Goethe usou a frase "empirismo delicado" com pelo menos dois sentidos, e aqui nós nos guiamos por esses significados para fa-

---

10 JUNG, Carl G. Collected Works of C.G. Jung. Editado e traduzido por G. Adler e R.F.C. Hull: Princeton University Press, 1970

11 MONK, Ray. Ludwig Wittgenstein – The Duty of Genius. (Ludwig Wittgenstein: o Dever de um Génio). London:Vintage Books, 1991.

larmos de um "ativismo delicado". Em primeiro lugar, o empirismo é delicado quando ele reconhece que o respeito pelo empírico – o conhecimento ganho através da experiência ou da observação sensorial – não tem como escapar do significado que atribuímos àquilo que sentimos e vivenciamos e, ao mesmo tempo, esse significado não pode ignorar a base, no mundo sensorial, daquilo que experienciamos e percebemos. Em outras palavras, há uma relação delicada entre o mundo "lá fora" (o sensorial, o mundo dos fenômenos) e a atribuição de sentido que trazemos para o mundo; o mundo dos fenômenos no qual vivemos surge de uma conversa entre o sentido e a atribuição de sentido. Nós somos participantes, portanto, do surgimento do mundo dos fenômenos no qual estamos, ao mesmo tempo, imersos; há uma conversa acontecendo entre o interno e o externo, entre o mundo e eu – e essa conversa é o mundo real.

Nós nos levamos até o nosso mundo e nós nos abrimos para o que mundo nos traz. Somos seres intencionais e devemos ser disciplinados para intencionar nossa própria abertura e receptividade, do contrário nos impomos de uma forma que suscita uma presunção, um fechamento, um tédio, um conservadorismo e um fundamentalismo, uma preguiça. Um ativismo delicado, faça o que fizer, intenciona tanto a sua própria abertura e receptividade, quanto seu desejo por mudança. Ele busca mudar o mundo estando aberto à possibilidade de ser mudado pelo mundo.[12]

Em segundo lugar, "um empirismo delicado (...) torna-se totalmente idêntico ao objeto". Entramos no objeto – naquilo que é percebido, no outro, no mundo – tão intensamente que nos descobrimos idênticos a ele, e a nossa costumeira distinção entre sujeito e objeto (entre subjetivo e objetivo) cai por terra. Somos um só com o mundo. Em uma segunda leitura (e nesse ponto de nossa

---

12 SMITH, Rodnet. Stepping out of Self-Deception. (Escapando da Autodecepção). Shambala Publications, 2010.

história, o segundo sentido dessa frase não é um segundo sentido, mas um aprofundamento natural e lógico do primeiro), o mundo surge através de nós à medida que surgimos através do mundo. Talvez esse seja o verdadeiro significado de empatia; e isso implica que nossa abordagem de mundo não pode, em um primeiro momento, estar preenchida por julgamentos ou pressupostos. Novamente, Merleau-Ponty: "O mundo está inteiro dentro de nós e nós estamos inteiramente fora de nós mesmos". Um ativismo delicado não pode ser menos do que um modo de vida ao reconhecermos que tudo que ele toca é de fato tocado por ele, e que ele é tocado por tudo que o toca. Um ativismo delicado leva a sério essas sutilezas filosóficas; ele reconhece que sua compreensão filosófica é uma imagem do mundo que surgirá a partir dela. Um ativismo delicado não pode fazer no mundo algo que não faria a si mesmo; não pode esperar nada que não possa esperar de si próprio; ele jamais vai descobrir algo que não traga. Não há outro mundo além da delicada reciprocidade que surge de nossa relação inescapável com o mundo.

Existem muitas práticas diferentes com as quais podemos nos envolver para que possamos fortalecer e ampliar e aprofundar nosso modo de pensar. Mas, no momento são poucas as considerações compiladas que estão no cerne da abordagem fenomenológica para mudança sustentando todas essas práticas específicas.

Realmente prestar atenção significa prestar atenção ao todo. Significa estar sempre olhando para a integridade maior dentro da qual as partes encontram seu sentido. Significa ver simultaneidade mais do que causa e efeito. Prestar atenção ao todo significa buscar o sentido, significa encontrar a interconectividade, as relações, as necessidades de transformação, as dinâmicas de pertencimento e separação que vivem entre as coisas, assim como a atividade, o fluxo que as une.

Tudo isso também significa não perguntar o porquê, não buscar explicações ou causas. Todas as explicações são tentativas de reduzir algo a outra coisa que ele não é, mas que o causa; e assim somos tirados do fenômeno e nosso pensamento se torna uma conjectura abstrata.[13] Ele se torna instrumental, mecânico, linear, ele extrai para utilizar. Ao deixarmos de lado as explicações, o fenômeno em si permanece como nossa fonte primária de informação e compreensão e aí começa a ser visto por aquilo que ele é, em si mesmo; ele começa a se revelar como um "segredo aberto".[14] E assim o fenômeno é revelado em sua própria profundidade, surgindo de dentro de si mesmo – assim como tudo que está vivo surge de si mesmo – e quando o fenômeno é visto dessa maneira, ele se torna sua própria teoria. Se não olharmos com uma pergunta de "por que" nos lábios de nossa mente, mas simplesmente prestarmos atenção ao "que" está acontecendo, e se persistirmos nesse esforço mesmo que os antigos hábitos fiquem clamando para acabarmos logo com a observação dando uma resposta, uma explicação, uma conclusão, uma solução, então o mundo gradualmente vai se tornar vivo para nós de novo e vamos vivenciar o maravilhamento, a acurácia e um novo tipo de rigor e disciplina; ao prestar atenção, entramos no campo do amor. Ao prestarmos atenção ao "o quê" sem cair no vício do "por que", exercitamos as faculdades que nos permitem reentrar no mundo do qual fomos separados.

Não conseguimos realmente prestar esse tipo de atenção a não ser estando presente. Estar presente é facilitado pela reflexão, pela autorreflexão. Não o tipo de reflexão que empregamos para olhar para feitos do passado e determinar se eles foram bons ou não (para então tirar os aprendizados e melhorar nossa ação no futuro), mas sim o tipo de reflexão que empreendemos no presente, simultaneamente com nossa atenção voltada para o mundo lá fora, ao mes-

---

13 BORTOFT, Henri. The Wholeness of Nature – Goethe's Way of Science. (A Totalidade da natureza: O Caminho da Ciência de Goethe). Londres: Lindisfarne Press and Floris Books, 1996.

14 GOETHE, Johann W. The Maxims and Reflections of Goethe. (As máximas e as reflexões de Goethe). Londres:Penguin Classics, 1999.

mo tempo em que estamos nos envolvendo com o mundo lá fora. É uma coisa estranha, paradoxal até, porque poderíamos pensar que tal autorreflexão (testemunhar o momento e nossa própria presença no mundo) nos levaria para longe do presente; mas o oposto é verdadeiro. E aqui encontramos uma requintada ironia: entramos no mundo mais inteiramente estando conscientes de nós mesmos. O delicado florescimento de um ativismo que leva a mudança a sério o suficiente para mudar o mundo.

Porque "não há outro mundo além da delicada reciprocidade que surge de nossa relação inescapável com o mundo". Finalmente, chegamos à real compreensão do que é a participação sobre a qual uma abordagem fenomenológica se baseia. Vimos – testemunhamos nessas páginas – como participamos no surgimento do mundo dos fenômenos. Quando levamos essa participação a sério não podemos evitar reconhecer que um ativismo radical demanda antes e durante todo o processo, olharmos para o nosso próprio pensamento (e ações) em busca da verdadeira fonte de mudança. Mas o fato é que hesitamos em levar a sério nossa participação no surgimento do mundo. Se pudéssemos, algumas realizações monumentais cairiam dos nossos céus como chuva que dá vida. A distinção entre o interior e o exterior começa a ter um significado diferente. Percebemos, como diz Owen Barfield,[15] que a relação entre interior e exterior pertence à natureza de uma observação e compreensão autoevidentes – posto de modo muito simples, que todo interior tem um exterior. Com isso, o mundo gira e nós podemos recomeçar.

---

15 BARFIELD, Owen. Participation and Isolation. (Participação e Isolamento). Em The Rediscovery of Meaning and Other Essays (A redescoberta do sentido e outros ensaios). San Rafael: The Barfield Press, 2013.

"Saiba então, que o mundo existe para você: para você o fenômeno é perfeito."

Ralph Waldo Emerson

II

*"Nós nos encontramos /
em lados diferentes /
de uma linha /
que ninguém desenhou."*

Leonard Cohen

ENCONTRANDO A NÓS MESMOS

O que escrevemos até agora é o relato de uma prática social criada a partir de nossa interpretação e da subsequente comprovação da inteligência e da relevância que são o legado do mestre JW von Goethe. Ele foi capaz de discernir, através da observação cuidadosa, a inteligência com a qual o mundo pensa a si mesmo para existir. E ele foi capaz de discernir as práticas da consciência humana que nos permitem observar tal inteligência e, ao fazê-las, nos tornarmos inteligentes.

Ao escrever as páginas anteriores, tentamos oferecer um vislumbre do ponto de encontro entre a consciência individual e a social, e entre nós e o mundo. Tudo isso para revelar a natureza enigmática de um modo de ser que é tanto óbvio como desafiador, rigoroso, porém natural, misteriosamente delimitado pelas necessidades de liberdade; um modo de ser que promove um ativismo social na ponta dos dedos, permitindo que tudo aquilo que tocarmos seja transformado em vida.

Estas páginas foram postas no mundo pela primeira vez há cerca de uma década, e agora pensamos em acrescentar outras que sejam mais apropriadas para ir ao encontro desses tempos trepidantes que têm vindo ao nosso encontro nesses últimos anos; os anos que foram inaugurados pela grande confusão do Covid – anos de inimizade e guerra, de pobreza e isolamento, de uma tecnologia predatória que paira onipresente – anos que talvez sejam passíveis tanto de revelar, quanto de ocultar, o ponto de virada crucial em que a humanidade se encontra agora.

A princípio pareceu-nos que o texto *Ativismo Delicado* não precisaria de atualizações, que seu significado perduraria. No entanto, dada a natureza extrema dos tempos que foram inaugurados por estes anos, reconhecemos que o texto, tal como era, já não está adequado. A trajetória de dor e separação que esses anos anunciaram exige que nossa prática social seja ainda mais fortalecida e enriquecida de maneiras muito específicas. É isso que pretendemos alcançar com o escrito a seguir.

A emergência dos anos da Covid anunciou uma paisagem social totalmente diferente, há tempos gestada. Esses anos foram um portal para um mundo irreversivelmente globalizado, que afirma que soluções globais, em grande parte impostas por tecnocracias, são a única saída para os problemas catastróficos que enfrentamos. Estamos mais homogeneizados e, ao mesmo tempo, mais fragmentados e polarizados do que nunca. Questões, perguntas e preocupações tornam-se armas; a complexidade dos problemas que enfrentamos suscita uma busca crescente por controle. Um tema polemizado é logo seguido por outro, cada um deles acompanhado por narrativas de contestação que parecem aumentar a necessidade de controle em nome da segurança. Controle e resistência; temas emergentes parecem vir galopando do nada para dentro de um mundo social drasticamente mudado.

Nós também fomos transformados por esses anos. A dor tem sido imensa; vimos amigos e colegas, companheiros nessa prática de *ativismo delicado*, se separando ao se descobrirem em um campo de batalha em que cada lado está convencido de suas próprias verdades. A polarização aumentou a níveis antes quase inimagináveis, mesmo entre famílias e amigos. Muitas vezes, testemunhamos amigos, membros da família, colegas se afastarem atravessando horizontes impossíveis, evaporando em uma diáspora nebulosa que já não conseguimos reconhecer. A perda tornou-se uma palavra de ordem – a perda de amigos, de sentido, do mundo que pensávamos ser nosso. Nossa própria prática e a de muitos outros, dependentes como são da presença humana, foram sumariamente, em um instante, interrompidas; foi-nos oferecida a alternativa digital – no entanto, essa alternativa nos leva a cruzar uma linha e entrar em outro mundo. Agora, se isso é alternativa ou aquiescência, ainda é passível de argumentação.

Estes anos têm sido – e continuam sendo – repletos de conflitos e desacordos. A própria natureza da Covid, sua existência, a natureza da doença e do bem-estar, todas as inúmeras restrições e regras que foram promulgadas fora do processo democrático, a questão da saúde pública e da escolha individual, da presença humana e da conveniência digital, a natureza da verdade e a ascensão da inverdade, a questão da censura em meio à necessidade de ação coletiva. A questão da confiança. Os níveis elevados de medo e ansiedade e a incitação desses medos. Alguns diriam que agora estamos emergindo desses anos, outros que estamos indo ainda mais para dentro deles, com uma sociedade global mais homogênea, em que a ênfase crescente dada à diversidade, ironicamente, faz parte da homogeneidade. Uma sociedade global que parece mais antissocial, mais regimentada, mais reativa, menos pensante, mais consumista, mais materialista e talvez mais uniforme do que nunca. Com níveis mais altos de pobreza e estresse social, com menos esperança de um futuro generativo, com uma maior divisão entre aqueles com poder e escolha, e aqueles sem qualquer um dos dois. Nosso debilitado mundo social foi sendo fraturado ao longo das fissuras que levam esses males sociais a territórios sequer mapeados.

Ao longo desses anos, nos perguntamos se os níveis de polarização na sociedade acabaram por deixar o *ativista delicado* rendido a um posicionamento invisível e ineficaz. Quase ficamos sem palavras diante do desaparecimento da conversa real. Níveis desconcertantes de inverdades marcam um ponto baixo na curva da evolução social.

Um *ativismo delicado* exige de seus praticantes o mesmo compromisso que espera infundir nas pessoas com quem estes trabalham. Tal compromisso emerge naturalmente de uma compreensão dos enigmas do ativismo, mas vai além do que já delineamos. Trabalhar em direção à integridade, dentro da sociedade global que foi construída ao longo desses últimos anos, requer algo mais do que já expressamos até agora.

Ao longo desses anos, nos angustiamos com o que poderia estar faltando, com o que talvez não tenha sido expresso com clareza suficiente no que foi escrito até agora, algo que pudesse nos levar a um modo de consciência expandida e verdadeiramente planetária e trazer de volta à vida a integridade perdida na polarização. O que experimentamos durante estes últimos anos nos fez passar pelo buraco da nossa própria agulha, despojados e despidos de ilusão. No processo de enfrentar a escuridão ao nosso redor, descobrimos algumas verdades mais profundas sobre nós mesmos. Estas nos levam mais longe em nossa exploração da linha que ninguém traçou; é nossa esperança que sejamos capazes de descrever, no que se segue, tanto a linha quanto uma abordagem para ir adiante.

"Não é da natureza da vida evitar contradições; a vida é contraditória em todas as instâncias. A vida consiste na propagação e na reconciliação de contradições"

Rudolf Steiner

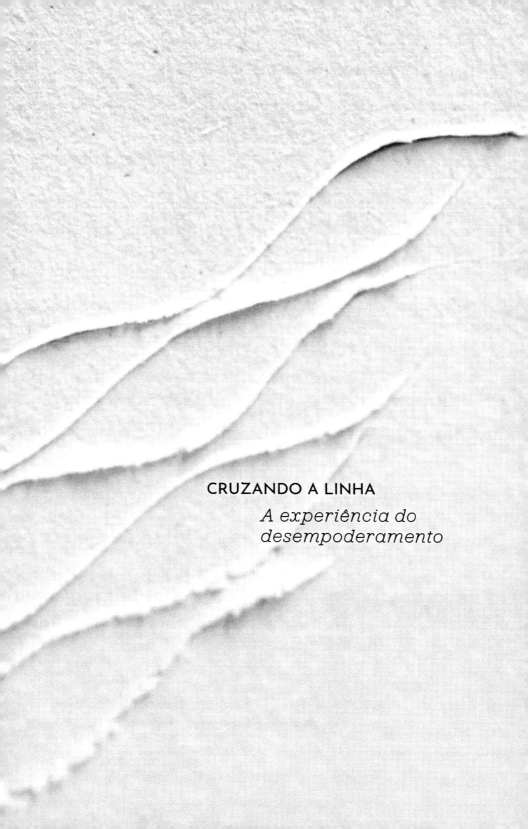

CRUZANDO A LINHA

A experiência do desempoderamento

Agora vivemos em um mundo dividido. A linha que separa um lado do outro, se é que pode ser vista como uma linha, é indistinta, nebulosa em sua complexidade. Falar de um ou outro lado reduz a natureza entrelaçada de nossas vidas a oposições mecânicas e abstratas. Não existe uma linha; no entanto, nossa sociedade parece ser assolada pela contínua, conflituosa e inevitável transposição de uma linha. Muitas coisas se tornaram polêmicas, cada lado da linha ocupado.

Um *ativismo delicado* desafia a natureza simplista que não leva suficientemente a sério suas próprias contradições. Sabemos que nossa própria reatividade muitas vezes reforça aqueles aspectos da sociedade que esperávamos mudar. Já vimos que o desejo de mudar a sociedade pode estar no cerne dos desafios e das contradições do ativismo. Será que um ativismo que não tem consciência de si mesmo não é, inadvertidamente, uma parte da divisão, do abismo de falta de sentido no qual caímos?

Os anos 2020 têm sido caracterizados pelo medo e por visões de mundo conflitantes. As linhas entre propaganda e desinformação, entre jornalismo e marketing, entre governo e corporações, entre saúde e lucro, entre razão e coerção, entre política e recomendação, entre conspiração e consórcio – essas linhas se entrecruzam e se atravessam infinitamente.

Emergimos desses anos como uma sociedade global desalentada e ansiosa, inquieta e não resolvida, silenciada, mas estridente, de maneiras que refletem diretamente as ambiguidades do ativismo. Esses anos introduziram uma era cujo alvo é a integridade do próprio ativismo.

"A aurora da era da informação começou no pôr do sol da dignidade humana." Esta evocação poderosa do caráter da mudança que assola nossa sociedade global é, de fato, um comentário sobre a colaboração entre a tecnologia corporativa e as forças por trás do Holocausto, que marcaram a transição da Segunda Guerra Mundial.[16] Talvez, em sua versão muito mais avançada de hoje, ela caracterize a batalha pela alma humana ocorrendo atualmente entre a eficiência corporativa e a moralidade individual. Se há uma linha a ser traçada, não seria essa a linha que parece surgir entre o excesso de informações, a quantificação, a instrumentalidade, a profissionalidade anódina, de um lado, e a decência, a humanidade, a riqueza, a confiança e, especialmente, a intimidade e a presença, de outro?

Antes da Segunda Guerra Mundial, a tecnologia já era uma marca evidente. Na década de 1930, havia uma revista dedicada à tecnologia, chamada simplesmente *Tecnologia*, e ela definia tecnologia como *a ciência da engenharia social*. Outro livro, uma crítica à tecnologia, chamado *A Sociedade Tecnológica*, escrito por Jacques Ellul na década de 1960,[17] expressou esse caráter de modo sugestivo: "A tecnologia constrói uma sociedade comprometida com a busca contínua de meios aprimorados para fins examinados de modo negligente; de fato, transforma meios em fins e, inversamente, trans-

---

16 Edwin Black, *IBM and the Holocaust* (Three Rivers Press, 2002). Como citado por David O'Hagen em *The Battle for Humanity* – https://www.option3.co.uk/the-battle-for-humanity/

17 Jacques Ellul, *The Technological Society* (New York: Vintage Books, 1964).

forma fins em meios. Considera apenas o que é útil, sem prestar atenção ao que é bom. Propósitos desaparecem de vista, e a eficiência torna-se a preocupação central. Como forma política mais adequada ao uso desprovido de princípios da tecnologia, a ditadura ganha poder."

Qual a relação entre tecnologia e ativismo? Vamos ver novamente o que havíamos escrito antes, na Parte Um:

"O enigma do ativismo reside nisso: ao se comprometer com a mudança social para mudar a sociedade, ele corre o risco de ceder a um instrumentalismo que já domina a sociedade, de modo que o ativismo em si vai sendo distorcido e vira um conservadorismo inadvertido (um fortalecimento do *status quo*), e a busca humana fica reduzida a um problema mecânico que pode ser resolvido – putativamente – sem que precisemos fazer quaisquer movimentos internos de transformação."[18]

Não há dúvida de que os eventos desde o início da Covid facilitaram um salto quântico no aumento da tecnologia. Isso nos permitiu confinar pessoas e sociedades inteiras. Possibilitou-nos isolar as pessoas, ainda permitindo formas alternativas de comunicação. Ela fomenta o subterfúgio e a velocidade, a identificação, a vigilância e o controle. Encoraja a manipulação da natureza (incluindo o ser humano) e a corrupção do tempo. É desdenhosa de qualquer limite, zomba do sagrado – para ela decência não significa nada. Porque a decência não tem significado fora do ser humano. Nesse processo, a tarefa de transformar a sociedade torna-se domínio dos tecnocratas, burocratas e empreendedores, não eleitos e totalmente à mercê de suas tecnologias, projetadas para garantir eficiência, conveniência e controle, e que têm pouco a ver com consciência e intimidade, presença, individualidade e sentido, e a distinção – e a relação – entre meios e fins.

---

18 Ver Parte Um do livro: página 23.

Emergimos destes anos em uma sociedade cada vez mais controlada, diminuída, virtual e distante. Cada vez mais eletrificada, mercantilizada, homogeneizada; seu céu noturno, antes selvagem, foi banido pela poluição luminosa e pelos satélites, a inteligência de seu povo emburrecida não apenas pelas possibilidades tecnológicas cada vez mais invasivas, mas pela necessidade de uniformidade. A liberdade é anátema à tecnologia; embora seus produtos e serviços se disfarcem de escolha e possibilidade infinitas, eles nos encurralam cada vez mais ao nos fazer olhar para o mesmo lado, ao viver as mesmas vidas, fazer as mesmas escolhas, pensar os mesmos pensamentos; traduzimos sentimentos em *emoticons*, paramos de pensar; a dependência substitui nossa própria imaginação intencionada por um *link* digital. O mundo que queremos estará sempre a apenas um clique de distância – porque é esse o mundo que aprendemos a desejar. Tornamo-nos, através de nossa própria conformidade, fragmentos de dados, mercantilizados para serem manipulados à vontade.

Não estamos defendendo que toda tecnologia deva ser rejeitada; isso seria absurdo e impossível. O avanço tecnológico é a marca registrada do ser humano, assim como a busca de conhecimento. Queremos apenas salientar a situação em que o ativismo se encontra nessa sociedade para a qual estamos sendo convocados. O ativismo quer mudar a sociedade para melhor; a tecnologia quer fazer a mesma coisa. Mas a tecnologia não tem escolha, ela é restringida por suas próprias regras; seu maior valor é a eficiência. Este imperativo distorce muitas coisas, tais como o tempo que a vida leva, os momentos irrepetíveis e irreplicáveis dos quais a vida consiste, o sublime encontro do significado no ato de conhecer, a individualidade e a liberdade de escolher valores que não se conformam.

O mais perigoso de tudo é que a tecnologia invoca uma sociedade que consiste inteiramente em externalidades. Ela nos atrai para um estado de distração através da natureza envolvente e viciante do meio em que opera. Significado, relação, presença, beleza e amor – todos trocados por funcionalidade material e sedução.

Em um mundo como esse, a conversa, a conversa real, o encontro genuíno na busca social pela verdade individual e pelo conhecimento foi aprisionado pela voracidade colossal da tecnologia e – em um ato estarrecedor de subterfúgio – foi substituído pela conformidade. Os meios da conformidade às vezes são explícitos e brutais, às vezes disfarçados e adocicados, mas, como ativistas delicados que entendem a conversa como uma fonte de inteligência, sentimos intensamente o aumento de silêncios calados. Uma atmosfera de conspiração, ou no mínimo de conluio, paira no ar; de que outra forma uma palavra como "desinformação" poderia vir a ser usada com tanta impunidade nas sociedades democráticas?

Apesar dos perigos da hegemonia tecnológica, não há como voltar; retornar ao que éramos antes não é uma opção para a consciência humana, que está, e sempre esteve, em processo de metamorfose, de evolução. Não há como retroceder, não há um retorno disponível e acessível para nós, porque esses limiares da individualidade, da separação, da auto-observação, já foram cruzados.

O ativismo funciona de duas maneiras aparentemente opostas – em certos aspectos, ele deseja mudar a sociedade, e em outros, deseja impedir que a sociedade mude. Por um lado, avançando demais e muito rápido (de forma arbitrária, aleatória, destrutiva), ou por outro muito lenta e cuidadosamente (recusando-se a renunciar ao passado ou enaltecendo-o) – e nenhuma delas irá nos dar o suporte para uma cura adequada e para a ressurreição de uma perspectiva de futuro. Tanto o impulso precipitado quanto a luta para segurar o avanço da consciência em evolução constituem a batalha pelo futuro do *ser* humano – uma batalha que se tornou muito mais pungente e muito mais nociva nessa sociedade emersa através do portal desses anos de Covid.

Atualmente, é quase impossível viver de um lado ou do outro dessa linha – e talvez sempre tenha sido assim. Mas hoje, parece que cada ser humano vive dentro da própria encruzilhada, ou, poderíamos dizer, que estar vivo hoje é estar no meio do cruzamento de uma linha que não existe em lugar nenhum, apenas dentro de cada um de nós. Trabalhar, então, como ativista, é lutar contra a cooptação e o conluio, não no que se refere apenas a um 'lado' ou outro, mas no que diz respeito ao que está no exterior em oposição ao interior. Agora, mais do que nunca, a integridade da luta será travada dentro de cada um de nós, à medida que trabalhamos para criar um lugar para viver. Não podemos nos dar ao luxo de ceder nem para um lado, nem para o outro, nem dentro de nós mesmos, nem fora.

Realmente, não há mais lugar para um ativismo sem reflexão e indelicado. No entanto, um ativismo delicado se confronta com o silêncio onipresente que ressoa em um mundo onde a conversa nem sequer é reconhecida como fundamental para a transformação interna e externa. Ao mesmo tempo, algo mais do que a conversa se faz necessário para negociarmos com estes tempos. Precisamos explorar o desenvolvimento de faculdades mais sutis, uma vez que a complexidade crescente cria uma ambiguidade inexorável.

É um sinal da importância evolutiva destes tempos o fato de nos sentirmos tão desempoderados – tanto externa quanto internamente. Chegamos a este lugar de impotência mal preparados, mas, aparentemente, não há outra maneira de se chegar ao desempoderamento. Ela é uma espécie de morte, quando tudo parece estar se fechando, justamente quando tudo está se abrindo.

É nesse lugar de desempoderamento que exploramos certas faculdades, que certos caminhos se iluminam. "O que significa desaparecer e surgir novamente através do nosso desaparecimento?" [19]

---

[19] Rudolf Steiner, *Start Now – a book of soul and spiritual exercises* (Comece agora – um livro de exercícios espirituais e para a alma), ed: Christopher Bamford (Great Barrington: Steiner Books, 2004) p. 171.

"Minha percepção por si só
é um pensar, e meu pensar,
uma percepção."

JW von Goethe

RUMO A NOVAS FACULDADES
Abrindo a nós mesmos

Órgãos de Percepção Emergentes

Iniciamos este livro com o esboço de um cubo – com esse esboço, entramos no mundo da fenomenologia e do reconhecimento radical de que o mundo muda conforme nossa atenção e consciência mudam. Não apenas vemos as coisas de maneira diferente, mas as coisas que vemos são de fato diferentes do que eram antes de nossa percepção mudar. Nosso pensamento e o mundo que percebemos estão inexoravelmente ligados entre si. *O modo* como vemos afeta *o que vemos*, que é o que é visto. O romancista contemporâneo Alan Garner expressou isso de maneira ainda mais sucinta quando escreveu: "Aquilo que vê, é visto."[20]

Séculos antes, Goethe já havia reconhecido essa alteração no desenvolvimento de nossa relação com o mundo. Sua compreensão dessa relação carrega tanto o maravilhamento quanto a antecipação do perigo em seu rastro. "Quando as maneiras de olhar desaparecem do mundo, os objetos vistos também desaparecem. Na verdade, po-

---

20 Alan Garner, *Treacle Walker* (London: 4th Estate, 2021) p. 47.

deríamos dizer que, em um sentido mais elevado, a maneira de olhar é o objeto".[21]

Goethe, é claro, disse muito mais do que isso. Ele foi bem enfático ao afirmar que "cada objeto percebido corretamente, cria em nós um novo órgão de percepção".[22] Neste momento na evolução da humanidade e da Terra, quando tanto a consciência quanto a vida parecem estar sitiadas e contraídas e nós, desempoderados e despreparados, parece ser mais importante do que nunca encontrarmos a vontade dentro de nós mesmos, a partir de uma noção verdadeira deste desempoderamento, para abordar nosso mundo de maneira renovada, para construir as novas faculdades através das quais possamos perceber um mundo diferente e, através dessa percepção, desencadear um pensamento que possibilite a existência de um mundo mais consciente e vivo.

De Cubo para Círculo

Com o cubo, entramos no mundo da fenomenologia – agora descreveremos a maravilha do círculo, pois ele nos ajuda a entrar mais fundo, através do pensar puro, no mundo da vida. Vamos descrever as duas maneiras pelas quais podemos formar um círculo e adentrar as faculdades que podemos desenvolver ao aprendermos a compreender e observar a vida em seus próprios termos. Por favor, pedimos que você não somente leia essa seção, mas realmente faça a construção que descrevemos usando lápis, régua e papel – ter a experiência do que vai ler, mesmo depois de ter lido, faz parte da

---

[21] J.W. von Goethe, Maximem und Reflexionen – Maxims and Reflections, ed. Max Hecker (Frankfurt/M: Insel, 1976) p. 198.

[22] J.W. von Goethe, Scientific Studies (vol. 12 in Goethe: The Collected Works), editado e traduzido por Douglas Miller (Princeton NJ: Princeton University Press, 1995).

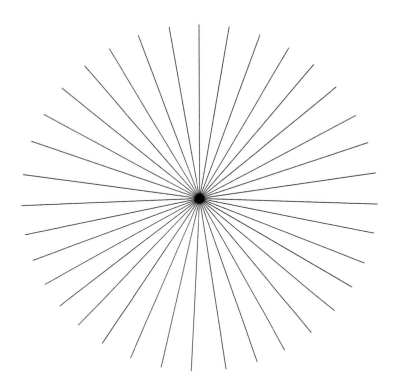

emergência de novas faculdades. Faculdades se desenvolvem ao serem exercitadas, jamais apenas se lendo *sobre* elas.

O que temos acima é um diagrama de como um círculo é formado normalmente, de modo convencional. A partir de um ponto central, desenhamos uma série de linhas radiais, raios, para fora. Escolhemos um ponto e, com o nosso lápis, inscrevemos uma linha que parte desse ponto, várias linhas com o mesmo comprimento, todas terminando no que então se torna a circunferência do círculo. Todas estas linhas são linhas convencionais, ou seja, a distância mais curta entre dois pontos. E assim criamos um círculo – e dentro do círculo estão essas linhas do raio, e fora do círculo, para além da circunferência, embora ainda não tenhamos desenhado a circunferência, não há nada, nada mesmo – ou tudo o que não é o círculo. O círculo existe separadamente daquilo que o rodeia.

Mas há outra maneira de formar um círculo. Através do desenho de linhas tangentes ao círculo. A tangente de um círculo é uma linha que toca a circunferência de um círculo em um ponto e *um ponto apenas*. Assim, em nosso círculo acima pegamos os pontos que marcam o local de encontro entre as linhas dos raios e a circunferência – ainda não desenhada – e desenhamos as linhas tangentes que passam por cada ponto da circunferência. Para traçar uma reta tangente a um ponto no final de um raio, tem-se que desenhar a reta perpendicularmente, em ângulos retos (90 graus) em relação ao raio – porque qualquer outro ângulo faria com que a tangente tocasse o círculo em mais de um ponto. Observe que o comprimento da linha tangente é indeterminado, essa não é uma reta convencional que se estende entre dois pontos, é uma linha que não tem restrição, limite algum, você pode desenhá-la de modo tão extenso e genero-

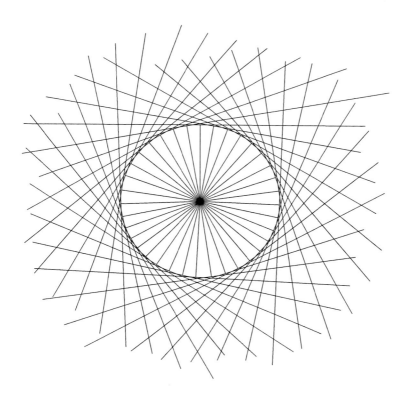

so quanto desejar, não tem medida; poder-se-ia dizer que você está inscrevendo a porção visível de uma linha infinita.

Há várias coisas a serem notadas aqui. Observamos que linhas tangentes retas podem inscrever um círculo tão precisamente quanto linhas radiais – no entanto, as linhas tangentes não têm um comprimento específico, e elas não irradiam de um ponto central, mas vêm de fora. Elas parecem moldar o círculo a partir daquele lugar fora do círculo que antes havíamos notado ser um lugar de completo vazio, ou pelo menos um lugar que *não era o círculo*. Agora vemos que o círculo não é formado apenas a partir de dentro, mas também a partir de fora; enquanto o interior é preenchido com linhas radiais, o exterior é de fato formado por linhas tangentes antes invisíveis. Então o círculo não é uma forma separada de tudo ao seu redor; pelo contrário, o círculo também é formado pelo que está além dele, livre de qualquer forma específica. E veja o que aconteceu com as retas tangentes – elas parecem se dobrar, se curvar ao formar o abraço do qual o círculo emerge suavemente (é como se o círculo fosse *construído* de acordo com um plano, pelas linhas radiais, a partir de dentro – mas ele *emerge* como se fosse esculpido através do encontro das linhas tangentes vindas de fora).

Veja como as linhas tangentes, fora da circunferência, são linhas esculturais, embora de fato sejam retas, e como formam quase um cone tridimensional, toda uma superfície curva, através da qual surge o círculo. Veja o contraste entre o espaço de dentro da circunferência – aparentemente bidimensional, plano e estático – e o espaço de fora da circunferência, dinâmico, vivo, tridimensional, com qualidades de atividade e energia.

E imagine: se as linhas radiais partem de um ponto central, com foco e direcionalidade, as linhas tangentes, circundando, moldando, formando, parecem vir de muito além da circunferência, elas vêm de uma periferia muito distante, das profundezas de um infinito tão ilimitado quanto a generosidade e a infinitude das próprias linhas tangentes. Poderíamos dizer, com base no que vivenciamos aqui, que o círculo dentro da circunferência é uma forma estruturada, acabada, concluída, plana, sem movimento, sem dinâmica, enquanto o círculo fora da circunferência, o círculo invisível, não tem forma, ainda está se formando, é uma atividade modeladora e acolhedora, um gesto de circularidade, o gesto da vida; o círculo invisível ativo, suave e suavemente vivo. A forma limitada, completa, tangível e visível do círculo contrasta com a generosidade dinâmica, invisível e infinita da atividade de formação. Trabalhando a partir de intencionalidade em vez de direção.

Goethe acreditava que podemos aprender a nos mover da região das formas relativamente fixas e acabadas para o âmbito mais profundo do processo formativo, do visível para o invisível. Imbuído do espírito de Spinoza, ele pensava no mundo vivo de duas maneiras: como poder criativo e como produto criado. Na terminologia de Spinoza: como *Natura naturans* ("natureza que nutre") e como *Natura naturata* ("natureza natural").[23] Entre o finito e o limitado, e o infinito e o emergente. Inerte e passivo, por um lado (completo e formado), e vivo e ativo, por outro (em desenvolvimento, em formação). Nosso trabalho a serviço da vida e das relações, neste momento, consiste em apreender as forças formadoras invisíveis a partir das quais as situações se desenvolvem, para que possamos começar a realmente enxergar e entender o que está acontecendo e a responder a partir de uma verdadeira sensibilidade para a integridade e a vida.

Se de fato realizarmos o processo proposto pelo exercício apresentado aqui, poderemos ir além da compreensão intelectual de um texto para a vivência das faculdades em si. Por isso a importância de realizar de fato o exercício – para que possamos entrar em uma experiência diferente de pensar, que também é uma percepção e, portanto, a base de uma inteligência perceptiva.

---

23 Ver, por exemplo, Douglas Miller, *Appendix – The Genetic Method*, in J.W. von Goethe's *The Metamorphosis of Plants*, introduzido e fotografado por Douglas Miller (The MIT Press, 2006) p. 106.

Poderia se argumentar que a liberdade, a expansividade e a generosidade que sentimos ao desenhar as tangentes, com sua qualidade escultural e texturizada, moldando-se da periferia para dentro, dependem da experiência anterior, rigidamente controlada e gerenciada, de desenhar os raios com medidas rigorosas, do centro para fora. Que o círculo não formado, em formação para além da circunferência, depende do formado, que é impossível desenhar as tangentes antes que os raios estejam no lugar. Portanto, tentaremos o oposto, para que possamos ser levados a uma experiência imediata do que é necessário para que as faculdades da vida – os novos órgãos de percepção de que precisamos agora – se desenvolvam dentro de nós.

Veja o diagrama abaixo:

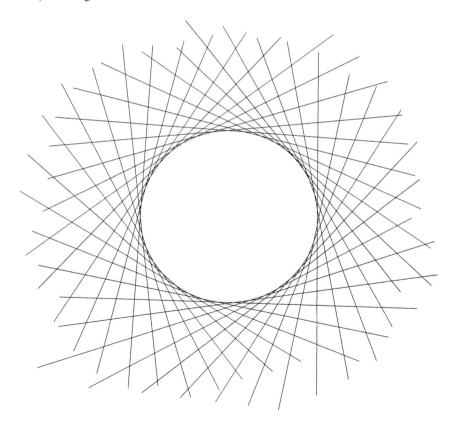

Depois de realizar as duas "construções" anteriores, o exercício de desenhar as tangentes de um círculo sem primeiro tornar visível o ponto central ou os raios é certamente possível, e o exercício de tentar fazê-lo, provavelmente mais de uma vez e nunca perfeitamente (observando a nós mesmos enquanto o fazemos, como devemos fazer em cada passo que demos nestas páginas), é um grande passo para se ter um *insight* do que essas novas faculdades suscitam e demandam de nós: nossa participação dedicada através de um ativismo delicado.

Pedimos novamente que você faça esse exercício. Repetindo: novas faculdades surgem por meio da prática, não simplesmente por meio da compreensão. Essa última parte, ou passo, do exercício exige que entremos no âmbito do infinito do qual surge a forma finita. Obtemos uma experiência real de permitir que a forma surja através da atividade de nossa própria imaginação intencionada. Para fazer esse exercício, ultrapassamos o domínio da medição e entramos no âmbito das relações. Adquirimos a experiência com as relações, adquirimos a experiência de mensurar proporções e de fazer com que uma forma finita emerja de dentro de nossa própria sensibilidade. Reconhecemos o quanto isso exige de nós um pensar intencional, mas aberto. Experimentamos o infinito dentro de nós mesmos; sentimos o processo de formação surgindo por meio de nossa própria atividade. Sentimos o visível surgindo por meio do invisível. Experimentamos a maneira pela qual o interno dá origem ao externo.[24] Para realizar essa fase do exercício, percebemos, enquanto

---

24 As palavras "interno" e "externo" podem causar uma certa confusão aqui, porque de fato elas podem ser usadas de modo intercambiável, como o oposto uma da outra, mas seu significado é bem específico. O visível surge através do invisível, emerge do invisível – mas o "invisível" é interno ou externo? No caso do círculo, ele é externo, o infinito, o invisível, está fora do círculo, moldando-o de fora, da periferia mais distante. No entanto, para nós que estamos desenhando, sentimos o infinito surgir de dentro de nós mesmos, de nosso centro mais profundo – e isso também é verdade. O infinito se estende para muito além de nós mesmos, até a periferia mais distante que se possa imaginar – mas, ao mesmo tempo ele vive dentro, no interior de tudo que é vivo. Esse lugar de formação, por meio do qual

trabalhamos, que temos de circular (fisicamente) ao redor do círculo emergente e, assim, trabalhá-lo, visualizá-lo, de todos os ângulos, de todas as perspectivas. No processo, percebemos o impacto de nossa vontade se fortalecendo junto com o aumento da retidão de nossa postura. Percebemos a maravilha do ser humano, o fato de sermos o único mamífero que se mantém ereto, que vê o mundo de cabeça erguida, com uma perspectiva abrangente. Começamos a reconhecer a necessidade de abordar todas as situações dessa maneira. Encontramos a relação rigorosa entre responsividade e intenção (e, ao fazê-lo, temos *insights* sobre a dinâmica da polaridade). Experimentamos o verdadeiro lugar do ser humano, mediando entre o infinito e o finito, o visível e o invisível, experimentando ambos.

Uma qualidade intencional da vontade, que nos leva para além da inércia, para além da passividade e da reatividade, para a consciência, a atenção, a responsividade e a atividade; nunca impondo ou restringindo, abrindo-nos, permitindo que o mundo entre em nós para que o mundo possa ser mudado, assim como nós somos mudados. Onde se entregar não significa aquiescer e só se realiza por meio do coração.

A relação entre centro posicionado e periferia não mapeada – é a sístole e a diástole da respiração da vida. A natureza é "...vida e desenvolvimento desde um centro desconhecido em direção a uma periferia incognoscível".[25] Da inspiração à expiração. Do broto apertado à flor de pétalas abertas para os céus, de volta à contração da

---

surgem a substância e a forma, está dentro da gênese da mais mínima das formas, mas molda essa forma a partir do que está fora. Owen Barfield, em seu livro *Unancestral Voice* (Oxford, England: Barfield Press, 1965), nos teria lembrado de que "o Interior é Anterior" – querendo dizer que tudo começa "dentro", ou no invisível, ou no infinito – mas essa palavra "interior" significa uma qualidade da vida, mais do que um lugar quantificável.

25 J.W. von Goethe, *Goethe – The Collected Works – Volume 12 – Scientific Studies*, editado e traduzido por Douglas Miller (Princeton, New Jersey: Princeton University Press, 1988) p. 43.

semente. Da intensidade invisível contida na semente e no botão, à vivacidade da flor exalando seu perfume na vastidão do céu, o jogo entre o limitado e o ilimitado, o formado e o em formação, continua. Somos chamados a ver, a agir, nesse grande movimento da vida. Para nos inserirmos e fazermos com que esse movimento esculpa uma forma a partir de nossas vidas.

Do Círculo ao Enxame

Vemos que até mesmo a circunferência de um círculo forma um limite permeável, não rígido, que tudo está conectado, que o interior tem o exterior e o exterior tem o interior; tudo está entrelaçado. Até mesmo nossos pensamentos são entrelaçados. É um verdadeiro desafio ser capaz de ver que nada vivo está realmente separado, mas, ao mesmo tempo, reconhecer que tudo o que está vivo tem sua própria identidade singular. Os organismos não estão simplesmente conectados (como vagões de trem); eles permeiam uns aos outros, fluem uns através dos outros. Quem, então, é capaz de dizer exatamente onde eles começam e exatamente onde terminam; e quando?

Vamos levar um pouco mais longe essas observações e o efeito delas em nossas faculdades, contemplando o fenômeno da abelha melífera.

Uma única abelha é em si mesma um todo, mas também é uma parte, ou podemos dizer um membro de um todo maior. Um todo aninhado dentro de um todo maior; cada todo é parte de uma integridade maior. A colônia inteira de abelhas, ou enxame, é um todo em si mesmo; um organismo. O enxame vive na escuridão da colmeia, as abelhas exsudando cera para seu favo de mel – o favo formando o corpo do enxame – a partir de seus próprios corpos individuais, dezenas de milhares de abelhas juntas na escuridão, conjurando seu próprio corpo. Durante o dia, cada abelha sai vagando pelo campo, coletando pólen e néctar de muitas variedades diferentes de plantas, em muitos locais diferentes; elas vão socializar com abelhas de outras colônias, voar longas distâncias até o limite de sua capacidade, mas sempre retornarão ao seu próprio enxame, saindo do espaço aberto e ensolarado das distâncias percorridas, para a escuridão de seu próprio espaço. Cada abelha realmente pertence ao enxame em que nasceu, à rainha que a gerou. Elas são, ao mesmo tempo, a mais contida das criaturas e a mais dispersa das criaturas; o enxame se mantém coerentemente unido, mas cada abelha voa o mais longe possível sozinha. Elas trazem todo o seu ambiente de volta para a colmeia e o transformam em mel; é possível sentir o gosto do ambiente no mel. Ao mesmo tempo, elas transformam seu ambiente; por meio de sua própria atividade elas vão transformando o mesmo ambiente que as sustentam – e de fato as transformam.

Seu relacionamento com o ambiente é profundamente poroso; elas *são* o ambiente que flui através delas enquanto elas trabalham e voam por ele; elas vivem dentro do ambiente e ele vive dentro delas. Dos espaços iluminados pelo sol lá fora, as abelhas exploradoras voltam para a colmeia e, na escuridão de suas muralhas de favo, dançam as direções de voo para as outras abelhas da colônia, que seguirão suas orientações lá fora, sob a luz do sol, para encontrar as fontes de pólen. No coração da vida da colônia, parece que a abelha-rainha mantém tudo unido, mas talvez essa ainda seja uma maneira errônea de pensar, uma em que ainda está presente a necessidade de concebermos alguma *coisa* que segura, gera e mantém o todo, não sendo capazes de *enxergar* ou pensar que o todo em si é ativo, que o enxame em si é uma atividade, um fazer, um receber, e que o todo invisível se mantém unido, gerando sua própria vida e forma, assim como o círculo é formado a partir do "exterior" invisível (o que, em um sentido mais elevado, poderia ser considerado um "interior").

Há momentos na vida da colônia em que a rainha em exercício fica doente, ou sente a necessidade de enxamear, de deixar a colmeia e começar uma nova e, nesses momentos, a colônia se prepara para a criação de uma nova rainha para ocupar o lugar da antiga. Quando a colônia percebe que esse momento está chegando, as próprias abelhas transformam certas larvas fêmeas recém-eclodidas em rainhas, e uma delas sucederá a antiga rainha. Quando chega o momento, a antiga rainha voa para fora da colônia, que até então era o seu mundo todo e, levando às vezes metade das abelhas de seu antigo enxame com ela, as conduz pelo mundo afora para encontrar um novo local de nidificação, e a nova rainha, sem nunca ter *sido* antes, permanece com o enxame antigo. Imagine o novo enxame, abelhas agora voando em campo aberto e selvagem, sem nenhum lugar para chamar de lar, atravessando pela primeira vez a região campestre, não sozinhas ou em um pequeno grupo em busca da mesma fonte de pólen, mas todas juntas, com sua rainha, que, até então, sempre esteve em casa, na escuridão da colônia.

Elas carregam alimento em suas bolsas de pólen abarrotadas; o lar, o todo do qual elas são feitas e para o qual são feitas, ficou para trás e elas estão ultrapassando seus próprios limites. Dizemos, então, que as abelhas estão enxameando; por um lado em busca de seu novo lar e, por outro, renunciando ao antigo: a atividade de enxamear está *entre* um mundo e outro. No processo de enxameação, elas precisam perder a lembrança de seu antigo lar, suas raízes, seu senso de pertencimento, libertando-se para encontrar um lugar totalmente novo para se estabelecer. Assistir uma enxameação selvagem de abelhas voando pelo campo, totalmente incontidas, porém centradas e unidas por si mesmas, é uma maravilha de se ver. E às vezes, nesse campo aberto, em meio ao afrouxamento de antigos laços, em meio à busca de sua nova vida, tem-se o privilégio de vê-las dançar. Elas usam os volumes de ar ao seu redor e dançam, coletivamente, agora não mais sobre a superfície encerada dos favos, mas alto no ar, criam uma dança, a mais selvagem das danças e, nesse processo, perdem a memória de seu antigo lar e local, se desatam e ficam à deriva e são capazes de se estabelecer ao encontrar um novo lugar, e encontrar uma nova vida, como se sempre tivessem sido *este* enxame estabelecido *neste* lugar.[26]

Através desse processo, vemos o todo como algo ativo, inteligente e vivo. Vemos a permeabilidade dos limites, vemos como coisas idênticas ainda podem ser individuais e como coisas individuais ainda podem formar um todo coerente. Não é tão fácil enxergar o enxame como algo completo, mas sim como algo fluido, flexível e poroso como a água, como a nuvem, como a ideia, com fronteiras e limites invisíveis e mutáveis, quase sem forma, mas ainda assim coerente. Percebemos que, para o novo enxame, sua vida anterior morreu, desapareceu, mas a vida das abelhas, e até mesmo dessas abelhas em particular, continua se formando a partir desse mesmo desaparecimento. Há continuidade mesmo que a continuidade cesse, há ordem mesmo em meio ao caos, há coerência mesmo quando os limites desaparecem.

Novamente, o movimento entre o visível e o invisível é profundo. Entre parte e todo. Entre perder e encontrar. Não precisamos observar as abelhas para desenvolver as faculdades de enxergar e trabalhar com processos vivos, mas precisamos sim, observar a natureza e contemplar nossas observações, porque o que enxergamos através de qualquer uma das facetas da natureza é algo que se desdobra em todo fenômeno orgânico. Ao observarmos, com atenção rigorosa, o ciclo de vida ou o processo vivo de qualquer organismo, são despertadas em nós faculdades. Reconhecemos que cada todo é nutrido por um todo maior que, por sua vez, o nutre – e assim começamos a discernir a relação entre um fenômeno e seu contexto, como eles são separados, mas inseparáveis. Começamos a desenvolver a faculdade do discernimento, a habilidade de distinguir, mas, ao mesmo tempo, evitar a divisão e a separação. Começamos a perceber que

---

26 Vide, por exemplo, Heidi Herrmann, "The World's Mantra" (O Mantra do mundo), (em New View, Summer 2023) p. 29-33.

compreender essas coisas "intelectualmente" é totalmente diferente do que vivenciá-las, de tal forma que o encontro entre percepção e pensamento se torna visível para nós. Começamos a experienciar a mente não como ferramenta de análise, mas como órgão de percepção. Começamos a vivenciar cada fenômeno como uma manifestação da mente. Experimentamos nosso próprio envolvimento e participação em tudo o que está fora de nós, estamos dentro do que está fora de nós, e o que está fora também está dentro de nós. No entanto, não nos perdemos; pelo contrário, começamos a nos achar, mesmo quando estamos encontrando o mundo pela primeira vez. E nos conscientizamos de que, em todas as situações sociais, as leis invisíveis e a dinâmicas da vida estão em jogo – e que na verdade elas não são nada invisíveis.

São essas faculdades que temos de cultivar agora, essas perguntas, essa perceptividade contemplativa, essa inteligência viva, onde o movimento do crescimento ao fenecimento e de volta ao crescimento pode ser visto, onde a linearidade, a rigidez e a lógica de causa e efeito dão lugar ao poder gerador e ressuscitador da vida e da morte, do morrer e do vir a ser, por meio do sopro pulsante da vida.

Se nosso pensar for delicadamente robusto o suficiente, talvez possamos perceber as relações como a substância do mundo.

De Enxame à Sensibilidade Social

Como se trabalhar com um grupo de indivíduos aguerridos que, apesar da ênfase em sua própria individualidade, ainda desejam considerar-se parte de um grupo, um coletivo, uma comunidade? Pois é aqui que estamos agora, é aqui que a consciência humana chegou em sua jornada evolutiva – um lugar frequentemente dividido e polarizado, às vezes nostálgico e temeroso, frequentemente incerto e incontrolável. O lugar onde o poder e a impotência disputam seu futuro, o lugar onde alguns desejam um controle de rédeas soltas, enquanto outros se refugiam em uma individualidade crescente. O lugar onde a tradição dá lugar à solidão, a certeza ao desamparo, a coerência comunitária ao conflito fragmentado, a polaridade saudável a uma polarização viciosa.

Como se trabalhar, como entender, como *enxergar*, como *pensar sobre*, participar e facilitar a individualidade desenfreada que parece, paradoxalmente, gerar um anonimato amorfo e uma uniformidade involuntária como seu contraponto. Como exercitar a sensibilidade que pode dar sentido à imagem que Rudolf Steiner traz de uma sociedade moderna e equilibrada, onde "uma vida social saudável só pode ser encontrada quando, no espelho de cada alma, a comunidade inteira encontra seu reflexo e quando a virtude de cada um vive em toda a comunidade".[27]

Um exemplo da prática

Lembramos de um momento específico em nossa prática, um momento em que o desenhar de um círculo e o enxamear de abelhas estavam bem presentes em nossas mentes. Estávamos trabalhando com um grupo de indivíduos fortes, que se autodenominavam como uma rede de praticantes sociais, 56 pessoas em um círculo enorme confinados em uma sala grande. É um grupo de pessoas que acredita praticar a partir de um entendimento comum, mas que opta por trabalhar muitas vezes por conta própria ou com outros colegas que não fazem parte dessa rede. Elas querem trabalhar com base nesse entendimento comum que inspira seu trabalho, querem contribuir para ele, mas também querem ser indivíduos livres, trabalhando como, quando e com quem quiserem. E eles se reuniram para ter uma conversa de dois dias sobre os pontos fortes e os desafios que a rede estava enfrentando.

---

27 Peter Selg, *The Fundamental Social Law* (Great Barrington: SteinerBooks, 2011).

Eles tinham nos pedido ajuda para entender o que realmente era necessário para fazer funcionar uma rede eficaz, para nos aprofundarmos na mecânica da coisa. "Não temos certeza de que sabemos as respostas para essas perguntas", dissemos, "e não temos certeza de que essas são as perguntas certas. Como seria se, ao invés disso, tivéssemos uma conversa entre todos os membros, uma conversa real, que pudesse permitir que os indivíduos e o grupo como um todo pudessem analisar as fontes de inspiração e os desafios despertados por essa inspiração – como inevitavelmente acontece – para tentar descobrir o coração latente do impulso e ver o que surge daí?"

Não é fácil sustentar uma conversa real em um grupo tão grande. Em alguns momentos, pedimos a eles que se dividissem em grupos menores para processar determinados elementos da conversa. Assim, eles passaram um tempo analisando suas próprias inspirações, seus próprios desafios, suas histórias de prática, funcionamento e relacionamento, na esperança de tirar da obscuridade as observações dos acontecimentos cotidianos, transformando-os em fios condutores de significado e luz. A maior parte do tempo, no entanto, foi dedicada à conversa entre todo o grupo e, neste, a dinâmica exige sustentar tanto as bordas quanto o centro.

Porque se trata de uma questão de limites. Cada pessoa deve ter espaço para falar e, ao mesmo tempo, ser incentivada a ouvir. Devemos encontrar os pontos de concordância e consenso, mas estar cientes de que eles também podem levar à presunção, ao clichê e aos efeitos indutores de sono de um discurso comum. Devemos buscar lugares onde haja diferença e discordância, porque esses lugares vão aguçar e dar foco à intenção subjacente; mas também ter cuidado para as discordâncias não levarem a uma fragmentação abrasiva que atrapalhe a escuta. Então o trabalho acontece nesse fio da navalha entre a periferia e o centro o tempo todo.

Cada participante é um indivíduo, mas ele forma o grupo e é formado pelo grupo. Se os indivíduos se sentirem muito distantes uns dos outros, o grupo não existirá; se o centro se tornar muito forte, o grupo perderá seu contorno, resvalando para uma congruência enfadonha que o torna opaco em vez de transparente. O processo precisa de veemência e paixão e de uma determinação capaz de diferenciar uma coisa da outra e de prosperar com a precisão individual e, ao mesmo tempo, precisa de silêncio, de uma sustentação aberta, de uma escuta voltada para a voz murmurante do próprio grupo, para além de qualquer contribuição individual.

À medida que a conversa avança, a sabedoria do grupo começa a pairar sobre o círculo; a inteligência inerente do grupo vai começando a se encontrar e se articular. Descobre-se que a genialidade desta "rede" gira em torno dessa questão do limite; a luta para se manter a liberdade individual e, ao mesmo tempo, permitir que esses indivíduos formem e sejam sustentados por um grupo maior, torna necessário considerar o constante movimento de suas bordas como algo ideal, e não como um problema. E, em um caso como esse, "estar desperto", como observou o poeta Rilke, é algo que deve ser feito, intencionado, não apenas experimentado.

Para manter a saúde de um grupo como esse, a saúde de cada participante dentro dele e, especialmente, a daqueles que facilitam – de dentro ou de fora – essa saúde no todo, há faculdades que devem ser cultivadas. O cerne de todas essas faculdades é a experiência e a compreensão da polaridade – que cada polo deve ser fortalecido, não em oposição ao outro, mas de forma a fortalecer a capacidade de cada polo se abrir mais para o outro. O equilíbrio entre os polos nunca é estático. À medida que um polo se fortalece, ou cresce, ele alcança certa supremacia e, se não for contrabalançado pelo fortalecimento do outro polo, essa supremacia começa a endurecer em sua hegemonia e, à medida que endurece, ele se torna mais separado e, paradoxal mas inevitavelmente, sua própria força se torna sua fraqueza, seu antigo rigor se transforma em rigidez; ele se torna cego para si mesmo. O "todo" percebe a necessidade de movimento, de uma virada, para que um polo forte possa minguar, enquanto o polo antes minguado, possa crescer. Tornar-se consciente e sensível a essa virada – ou à falta de virada, quando a ascendência transforma um polo em sua própria sombra – torna-se uma das mais elevadas faculdades do ativista delicado.

Ernst Cassirer, ao refletir a respeito do entendimento de Goethe sobre polaridade, observou que o que parecem ser contradições profundas – tais como "particular" e "universal", ou "factual" e "teórico" – não são opostos de forma alguma, mas "...apenas duas expressões e fatores de uma relação unificada e irredutível".[28] Há muitas polaridades que devem ser consideradas dessa maneira; a polaridade está na raiz de todas as relações. Este momento a que chegamos está desafiando todos nós a encontrar a polaridade central de nossa consciência humana em evolução – a relação entre poder e impotência.

---

28 Ernst Cassirer (1950/1978). *The Problem of Knowledge: Philosophy, Science, & History Since Hegel.* (New Haven: Yale University Press, 1950/1978).

Devemos desenvolver um sentido independente para a vida ao invés de tentar explicá-la como uma função ou um resultado de eventos materiais.

Ehrenfried Pfeiffer

UMA SENSIBILIDADE PARA O INFINITO

Ao trabalhar com as relações, entramos na região do coração do ativista delicado. Todas as faculdades indicadas nessas páginas anteriores são faculdades que abrangem a capacidade de se trabalhar na esfera do infinito. Trabalhar com relações é trabalhar com e por meio do infinito.

A lógica do infinito derruba a lógica do finito.

É preciso coragem para adentrar o brilho, a iminência, a natureza exigente do infinito. Para serem enxergadas, as relações precisam de uma atividade de alma, de um pensar intencional. As relações não são objetos ou coisas, elas são as atividades de encontro que moldam o mundo no qual encontramos "coisas" limitadas e finitas. Elas cercam as coisas. Elas permitem o surgimento de novas coisas.

A lógica do finito é derivada da lógica dos corpos sólidos, o mundo das formas fixas, onde uma coisa não pode estar no mesmo lugar que outra, onde identidade significa exclusividade e exclusão, onde os limites são fixos e impermeáveis, onde medições exatas são possíveis, onde cada objeto está fora de todos os outros objetos, onde o movimento e o processo cessaram ou são gerados de fora, e não de dentro; onde os relacionamentos são de fato espaciais, mas não se baseiam em suas conexões intrínsecas e inerentes (o que os uniria por dentro, e não apenas por fora).

A lógica do finito é a lógica da separação, uma lógica espacial. Ela pode se tornar um modo de vida.

A sedução do finito é que ele favorece o simples, o linear, o replicável, o mensurável e nos permite manipular sem que sejamos conscientemente afetados pela manipulação; ele nos permite separar, em todos os níveis de separação imagináveis.

A lógica do infinito, por outro lado, exige inclusão; estamos implicados (e participando) a todo momento.

Quando descobrimos a terra do que é vivo, constatando que temos de viver no âmbito do infinito, o mundo vira de cabeça para baixo. Cada momento é novo e imprevisível, porque tudo está entrelaçado e tudo está em movimento. E as coisas *viram*, movem-se em uma determinada direção e, frequentemente, parecem se transformar em seu oposto.

Para ficarmos firmes, temos que nos soltar; no entanto, não há nada a ser solto até termos encontrado algo a que nos agarrar. Mas, se ficarmos segurando por muito tempo, tiramos a vida daquilo que tanto queremos; temos que abrir mão precisamente daquilo que mais queremos, se quisermos tê-lo de alguma maneira.

Quando alcançamos o fim, chegamos ao início. E "do lugar onde estou já fui embora", nas palavras do poeta brasileiro Manoel de Barros;[29] isso é o que significa ser um organismo, estar em movimento contínuo, sendo a mudança tão necessária à vida quanto o ar ou a água.

---

29 BARROS, M. Poesia Completa. São Paulo: Leya, 2011.

Quanto mais compreendemos, mais o mundo cresce e mais há para se compreender; estamos tentando compreender um mundo que estamos criando à medida que avançamos; quanto mais compreendemos, mais misterioso o mundo (o outro) se torna.

Quando entramos em oposição, nos prendemos àquilo de que desejamos nos livrar. Nossos maiores atos de generosidade acabam sendo os momentos em que realmente nos abrimos para receber do outro. A confiança só pode ser dada, não pode ser exigida; eu só posso mudar o mundo mudando a mim mesmo. O que faço aos outros estou fazendo a mim mesmo.

E quanto mais eu tento mudar a mim mesmo, mais eu permaneço o mesmo. O futuro se desenvolve a partir de como estamos no presente, planejamento nenhum mudará isso; como estamos agora é como será o futuro.

Para realmente compreender a si mesmo, é preciso observar o mundo; para conhecer o mundo, precisamos observar a nós mesmos. Para entrar, preciso ser capaz de estar do lado de fora; se não posso separar, não posso unir. Encontramos pertencimento por meio da separação. Encontramos nossas necessidades ao buscar a liberdade.

No âmbito do que é vivo, as coisas são maiores por dentro do que por fora. Dentro da esfera do infinito, não há interior nem exterior, há apenas profundidade, profundidade infinita. Estamos longe de ser criaturas finitas, mas estamos tão acostumados a considerar o infinito como algo dado, que mal percebemos que estamos nele.

A terra do finito, o âmbito do inanimado, funciona de acordo com certas leis. Linearidade, causalidade, previsibilidade, identidade por meio da separação, replicabilidade, inércia, busca de causas materiais, explicação (tudo isso implica que algo é sempre o resultado de uma causa material diferente). Ao menos estas são as que formam o pensamento através do qual aprendemos a ver o mundo. Quando trabalhamos de acordo com estes preceitos (muitas vezes inconscientes e não reconhecidos), criamos a terra do finito, o reino do inanimado. Mesmo quando esperamos estar enriquecendo a vida e os relacionamentos.

A terra do infinito, o âmbito do animado, também funciona de acordo com certas leis. Essas são outras leis, elas parecem contradizer a própria natureza da lei; sua premissa e sua promessa são a liberdade. A descoberta de uma forma diferente de pensar para se enxergar o mundo, para que possamos criar a terra do infinito e aprimorar o reino do animado: é essa (re)descoberta que estamos buscando, nós que agora estamos tão sonoramente separados, tão à deriva.

Estamos em busca da lógica do infinito, a fim de permitir que nós, agora seres separados, vivamos juntos, em liberdade. Trabalhamos em direção às faculdades da liberdade.

"O resultado de uma substituição total e consistente da verdade factual por mentiras não é que a mentira será agora aceita como verdade e que a verdade será difamada como uma mentira, mas que o próprio senso pelo qual nos orientamos no mundo real - e a categoria de verdade como oposta à de falsidade está entre os meios mentais para este fim - está sendo destruído."

Hannah Arendt

UM SENTIDO PARA A VERDADE
Encontrando a liberdade

O declínio para um mundo mecânico, governado pelo determinismo estático de causa e efeito, é uma descida para uma polarização de opostos. Algo não pode ser verdadeiro e não verdadeiro ao mesmo tempo; a lógica do finito. Um mundo binário. Um mundo no qual a separação não pode ser superada e a conversa não leva a lugar algum, a não ser a uma polarização ainda maior.

Uma ascensão em direção a um mundo vivo, uma ascensão aprofundada pelas sabedorias gemelares da simultaneidade e da reciprocidade, ampliada pela porosidade e pelo entrelaçamento, é uma ascensão costurada pela lógica do infinito. Onde a polaridade comporta uma relação saudável entre polos opostos, um entrelaçamento rítmico de ascendências; onde os polos opostos não se separam, mas cada um atua como matriz do outro.

O físico quântico Niels Bohr certa vez citou o que ele chamou de "um velho ditado", que diz que, enquanto o oposto de uma afirmação correta é uma afirmação incorreta, o oposto de uma verdade profunda é outra verdade profunda.[30] Uma compreensão da verdade que amplia, não restringe, a liberdade humana; que é dependente da liberdade. Tanto a liberdade quanto a verdade são ameaçadas por hegemonias e tecnologias que requerem e esperam conformidade. Aceitar como minha a verdade de outra pessoa é arriscar minha liberdade. Mas será que minha liberdade implica que não há verdades, apenas relatividades e opiniões subjetivas? Em um mundo finito, seria assim: a liberdade e a verdade estariam em oposição uma à outra.

---

[30] Niels Bohr in: Werner Heisenberg, *Physics and Beyond: Encounters and Conversations* (HarperCollins, 1971), capítulo 8.

Um mundo permeado pelo infinito mudaria isso – a liberdade e a verdade precisam uma da outra, pertencem uma à outra.

Já falamos sobre a natureza *participativa* de nosso relacionamento com o mundo. Que a maneira como vemos afeta o que vemos, e que aquilo que vemos é o que é visto.

Como, então, chegamos à verdade? Somente compreendendo nosso pensar, pois nossa maneira de pensar é nossa maneira de ver e é o que é visto. E como poderíamos entender nosso pensar?

Embora, por meio de nosso pensamento, façamos sentido do mundo ao nosso redor, o que é mais difícil de enxergarmos é o nosso próprio pensar *através do qual* vemos o mundo. Não enxergamos facilmente *a maneira* como vemos o mundo. Isso exige que observemos o processo de pensamento em si, e não apenas o que é visto.

Nenhum pensamento está separado de todos os outros pensamentos. Todos os pensamentos estão interconectados. (Já vimos que, em um mundo vivo, todo organismo, todo processo, está interligado a todos os outros – isso é inerente à natureza infinita da vida e das relações; um pensamento vivo, um pensamento orgânico capaz de apreender a vida, é, por sua própria natureza, um pensamento entrelaçado – caso contrário, ele abstrai e isola o que está inerentemente interconectado.)

Nenhum pensamento é final, não há um fim para nossas investigações.

Há uma diferença entre o que Goethe chamou de pensamento "intelectual", por um lado, e "razão" – o que hoje poderíamos chamar de pensamento holístico ou vivo – por outro. Spinoza, e depois dele Goethe, falaram de dois aspectos da natureza; já apresentamos essa ideia antes. Natureza criando e natureza criada; ambos os autores procuraram entender o aspecto criativo e invisível do "vir a ser" (natureza criando) como o processo de pensar o mundo através do qual a substância é moldada e formada. Já a "natureza criada" é a coisa já formada (o produto do processo). Duas maneiras diferentes de pensar estão implícitas aqui: a primeira – uma maneira "intelectual" de pensar, com foco no "produto" – trabalha *sobre*; enquanto a segunda, um pensamento holístico que observa o processo de "vir a ser", trabalha a *partir de*.

O primeiro é um pensamento analítico que busca explicações e opera linearmente no modo "causa e efeito". Ele resume as experiências em conceitos, sendo que o conceito é uma construção intelectual que representa e "fala sobre" a experiência, mas é inerte e inativo. O conceito tenta capturar o fenômeno, "segurá-lo com firmeza", transmiti-lo a outros – mas, por si só, não tem energia, dinâmica ou poder formativo; ele comunica o fenômeno, mas não o cria. Ele não tem efeito sobre o "processo de vir a ser" do fenômeno, ele está "após o fato" – retrospectivo, em certo sentido. Ele não tenta entrar no processo; ele rotula e categoriza. Ele fica do lado de fora do mundo vivo, fazendo comentários sobre ele. Pode-se dizer que ele pertence a uma consciência de espectador.

O outro, ao qual Goethe se refere como "razão",[31] é um pensamento vivo, por meio do qual se pode *experimentar* o movimento de evolução interna do próprio fenômeno; ele se alegra com o devir, não tenta resumir ou se apegar. Ele não pergunta para que algo pode ser usado; em vez disso, tenta perceber o que está surgindo. Tudo isso para que ele possa expressar a *ideia* do fenômeno ao invés de resumi-lo como um conceito. A diferença, aqui, entre conceito e *ideia*, é que a ideia é a intencionalidade, a atividade do fenômeno. É o processo invisível se manifestando, encarnando no visível, na forma, na substância. Portanto, a *ideia* pertence a um modo de pensar que, funcionando como um órgão de percepção, é capaz de experimentar o vir a ser. Ele não representa ou expressa outra coisa, mas é a percepção e a expressão da própria unidade subjacente, que é o fenômeno.

O primeiro modo de pensar também poderia ser chamado de abstrato e informacional. O segundo modo de pensar poderia

---

31 J.W. von Goethe, from his *Aphorisms in Prose*, as quoted by Ernst Marti, *The Four Ethers* (USA: Schaumberg Publications, 1984) p. 2.

ser chamado de perceptual, poético, evocativo. Metamórfico. O primeiro é fragmentado (separado); o segundo é fluido, um exercício de percepção da continuidade. O primeiro se separa do fenômeno; o segundo se une à ocorrência do fenômeno. Pense em definição, de um lado, e em esculpir, do outro.

Um pensamento vivo como esse amadurece quanto mais rigorosa e imaginativamente o exercitamos, de modo que os pensamentos possam "surgir" dentro de nós, mesmo enquanto os criamos. Quanto mais amadurecermos nosso pensar, mais poderemos ver *para dentro* das profundezas do mundo ao nosso redor – e maiores são as verdades que ficam disponíveis para nós.

A vida existe *no fazer*, no tornar-se, no formar – uma vez transformada, quando a forma se realiza, a vida passa para a forma, para a matéria – e segue em frente. E assim são as verdades e nossa apreensão delas, elas estão vivendo, evoluindo, se transformando – mas isso não as torna menos verdadeiras, menos duradouras, menos universais. Pelo contrário. A verdade, assim como os organismos, está sempre em contexto. As verdades mudam com o tempo – sem se tornarem menos verdadeiras – porque o próprio mundo está mudando. O mundo e nós estamos mudando juntos – uns através dos outros. Somos nós que temos de agir verdadeiramente.

Estamos entrando em uma era amarga e polarizada. A era da mentira, quando a profundidade da verdade pode ser banalizada ao buscar se libertar do contexto. A priorização da conveniência. Uma forma de pensar que prospera na abstração. Separação. Linear, determinista, reducionista. Tecnológica. Eficiente. Atomística. Trabalhando de fora. Fora de contexto.

Em nenhum outro lugar essa escuridão é mais aparente e mais infeliz do que no domínio do exterior sobre o interior, da matéria sobre o espírito. A opinião acima da conversa. A liberdade banal substituída pela integridade.

Aos poucos, os "fatos" descontextualizados vão corroendo nosso senso de verdade, vão corrompendo a integridade do próprio pensar. Não apenas porque não reconhecem o "vir a ser" das coisas, no qual o infinito sempre precede o finito, onde o externo surge através do interno. O processo de tornar-se implica em uma continuidade de movimento durante o qual o organismo ou a situação muda, se transforma; as modificações estão a serviço da continuidade do processo. Então, cada momento isolado, cada parte isolada ou fato, deve ser visto *em contexto*; o contexto pertence ao processo interno e às circunstâncias externas.[32] Dessa forma, podemos desenvolver "um sentido para os fatos"[33] – uma objetividade em nosso envolvimento com eles. Para que possamos buscar a verdade para além do que nos é dito, adentrando o território interno do mundo em processo de vir a ser.

A vida é um processo de vir a ser, é isso que a vida faz. Quando o processo para, a vida cessa – o organismo está sempre se transformando, de um polo no outro, de uma forma na próxima, emergindo da invisibilidade. A vida é uma atividade transformacional não material, sem forma, mas em formação, dando forma ao material produzido por ela (tal como as abelhas exsudam e dão forma à cera), o imaterial encontra a resistência do material em um delicado campo de resistência e entrega: é esse o processo de se chegar à forma, o processo de vida. Podemos fazer afirmações sobre o que já está formado – afirmações corretas e incorretas – mas o processo de formar exige um tipo diferente de visão e pensamento e uma apreciação diferente da verdade; exige uma verdadeira liberdade (que implica em um olhar rigoroso e objetivo) capaz de responder ao momento específico de encontro daquele formar em atividade.

---

[32] François Jullien, The Silent Transformations, traduzido por by Richardson and Fijalkowski (London, New York: Seagull Books, 2009) p. 31.

[33] Rudolf Steiner, conforme citação de Nicanor Perlas, no seu artigo *How much truth can we advance and defend for the world in our lives?* (Incluído em *being human*, Boletim da Sociedade Antroposófica Americana, Edição da Conferência de Natal, 2023).

Ao enfrentar a resistência, a vida se torna visível, inteligível, ela trabalha para a consciência. A vida vai de uma forma para outra, criando-a, deixando-a ir, seguindo em frente – e a forma se decompõe, se dissipa, caminha para a morte, de onde surge uma nova vida, uma nova forma. A vida não tem forma; mas não haveria forma se a vida não fosse restringida, se a vida não fosse limitada pela substância. A vida está em movimento; a estase é a ausência de vida.

Na vida, a interação entre o movimento e a estase é a interação entre o bem e o errado (verdade e engano); entre a dinâmica de uma polaridade saudável e a paralisia da polarização, onde um polo controla o campo e o conflito permeia as sombras. O Bem – a verdade – implica na movimentação dos polos em seus processos de virada; cada polo é o certo e o necessário, desde que em relação correta com o outro e, portanto, consigo mesmo. O que parece errado (engano) é a dinâmica interrompida do processo, quando a ascendência de um polo fica congelada, mal sincronizada, deslocada, forçada, ditada, santificada, excessivamente elevada (mesmo em nome da moralidade). Quando um dos polos é mantido como absoluto, a verdade se transforma em engano, o bem em iniquidade. O que parece imoral é realmente bom na hora errada, no lugar errado. O bem se torna perigoso quando se esforça para preservar a si mesmo, quando se esforça para preservar uma forma específica – aí ele passa a ser o mal. Quando se diz que um polo é o Bem, ou se pensa nele dessa forma, ele já se transformou em sua sombra.

O sentido da verdade nos pede para permanecermos livres, flexíveis, abertos, vulneráveis, fluidos, hábeis o suficiente para seguir a vida em toda a sua flexibilidade. A escuridão[34] vai se acumulando e sendo coletada por aqueles que querem nos enganar e por nós que nos enganamos a nós mesmos. Um ativismo delicado, nes-

---

[34] "A luz e a escuridão, o brilho e a obscuridade, ou, se preferirmos uma expressão mais geral, a luz e a sua ausência, são necessárias para a produção da cor... A própria cor é um grau de escuridão." JW von Goethe, Teoria das Cores (Trans. Charles Lock Eastlake) MIT Press, 1970.

te momento de escuridão crescente, não pode se opor à escuridão, mas sim procurar iluminá-la. Para poder infundir essa escuridão que oprime com o peso de suas eficiências banais e afirmações finitas, com um olhar que vê, um olhar que busca ser obediente às leis do infinito, que busca apenas entender e que dessa forma impulsiona. "Vida é liberdade", diz Vasily Grossman.[35]

Um ativismo delicado deve tomar cuidado com a indelicadeza – quanto mais "verdadeiro" algo parece ser, mais tentamos agarrá-lo; quanto mais convencidos estamos, mais tentamos convencer os outros e, se esses outros não puderem ser convencidos, mais passamos dos limites, adentrando regiões de inverdade em nossas tentativas de convencer e converter, subjugar e ditar – não reconhecendo que nenhuma verdade pode ser "dada" ou imposta a alguém, mas deve ser apreendida diretamente pela individualidade livre de um ser humano ativo. A verdade vive em nossa busca viva e ativa da verdade. "As verdades não podem ser transmitidas simplesmente como dogmas estáveis. As verdades pertencem sempre a um determinado momento e a cada momento devem ser novamente apreendidas. Isso exige, a cada vez, uma *atividade* renovada em relação ao dom humano da compreensão".[36] A verdade não está "lá fora", ela vive dentro do ser humano como um esforço, um *sentido* para a verdade.

Rudolf Steiner amplia isso ainda mais. "(...) a verdade não é, como geralmente se supõe, o reflexo ideal de algo real, mas uma criação livre do espírito humano; ela não existiria em lugar algum se nós mesmos não a produzíssemos. A tarefa da cognição não é repetir, de forma conceitual, algo que já existe em outro lugar, mas criar

---

35 Vasily Grossman, *Life and Fate*, *(New York Review of Books Classics, 2006)* trans. Robert Chandler, p. 410.

36 Georg Kühlewind, *Working with Anthroposophy*, trans. Lipson and Bamford (USA: Anthroposophic Press, 1991) p. 12.

um campo inteiramente novo que, junto com o mundo dado pelos sentidos, resulta em uma nova realidade."[37]

É difícil entender a intensidade apontada por Steiner aqui. Iluminada e baseada na natureza inescrutável da verdade. Que as verdades são eternas, mas em evolução. Que elas são universais, mas precisam ser apreendidas por mentes humanas individuais. Que sua natureza é objetiva, mas contextual. Que nós evoluímos à medida que elas evoluem (ou elas evoluem à medida que nós evoluímos).

Como seres humanos, no centro da evolução da consciência, somos verdadeiros quando reconhecemos que, a todo momento, estamos no limiar entre um mundo antigo e um novo. Essa cúspide está repleta de escuridão, pois a decomposição sempre acompanha o novo crescimento. A inverdade ameaça nos dominar, pois o fixo, o já formado, resiste ao recém-formado. O turbilhão de luz e escuridão, da verdade em evolução e da mentira estática, vai gerar caos. Neste lugar de escuridão acumulada sendo atravessada por raios de luz, um novo mundo está emergindo; nesse interregno entre o que nos foi dado e o que temos para dar.

Nosso caminho para seguir adiante passa por nós mesmos. O órgão de percepção, que está no centro de todas as tentativas goetheanas de desenvolver as faculdades de observação, é esse reconhecimento de que somente nossa própria retidão penetrante engendrará um mundo justo e verdadeiro. Uma objetividade imbuída de nossa vontade individual. Um ativismo delicado, que coloca a observação em primeiro plano e que reconhece que a observação e a criação são uma coisa só.

A verdade não é uma resposta; é uma capacidade humana.

---

37 Gerald Brei, "Corona as an Epistemological Question," The Present Age, Vol. 6, No. 7/8, 2021/2022. Essa citação é parte do resumo do Brei do argumento de Rudolf Steiner em sua tese de doutorado. Rudolf Steiner expande isso em Verdade e Ciência no começo do Capítulo 4 (Spring Valley, NY: Mercury Press, 1993).

*"O que é mais precioso que o ouro? Luz!
O que é mais precioso que a luz? Conversa!"*

JW von Goethe

UM CASO EM QUESTÃO

A conversa como observação

Ao longo das páginas anteriores, mergulhamos no aprofundamento de nossa compreensão sobre como a vida se expressa, infalível e continuamente, na miríade infinita dos detalhes de nossas vidas individuais e compartilhadas. Entramos na dança entre os mundos finito e infinito, entre os mundos visível e invisível, entre o espírito e a matéria, a verdade e a liberdade, a vida e a morte e, dentro de todas essas polaridades, chegamos à inefável sabedoria e inteligência da vida. Ao ampliarmos e fortalecermos as faculdades que nos permitem vivenciar e apreender a vida, voltando o nosso olhar para o eterno movimento e desdobramento dos processos vivos, nos tornamos mais hábeis em dar sentido à nossa realidade social em um mundo dilacerado pela polarização, este aspecto sombrio do movimento rítmico de vida que atravessa a polaridade pulsante.

Um ativismo delicado está fundamentado em nossa capacidade de compreender o mundo e nosso contexto particular através do modo como a vida se expressa, e não através de nossas próprias interpretações e atribuições de significado muito parciais. As faculdades que permitem essa leitura objetiva de nossa realidade pertencem a cada um de nós, mas elas não nos são dadas. Elas exigem o engajamento de nossa vontade, exigem grande dedicação e esforço a todo momento, para se chegar a uma compreensão observacional capaz de lançar luz sobre cada situação. A *prática* de um ativismo delicado reside apenas no *fazer* – de cada momento.

Como escrevemos na primeira parte deste livro, o essencial para um Ativismo Delicado é a conversa – a verdadeira conversa. Ao dar espaço para a conversa, nossa atenção sempre se volta para a delicadeza dessa arte. Quais são as condições necessárias para que as pessoas entrem aberta e livremente em uma investigação profunda – sobre si mesmas e sobre o tópico em questão? E como criamos essas condições?

Talvez o mais importante seja manter um espaço que seja tão nobre quanto bem aterrado. Assim, criamos um sentido para a verdade, buscando nos esticar sempre para compreender mais por meio da conversa, de modo que algo novo nasça desse empenho. Alcançar o que está além é algo que só acontece quando estamos verdadeiramente abertos uns para os outros e para nós mesmos. Isso significa entrar no espaço com coragem, com um desejo sereno de se aprofundar, de encontrar, de entender.

Nesse espaço artístico, nosso pensamento é moldado pelo que recebemos dos outros e, nesse fluxo de pensamento vivo, um fio de significado pode começar a se desenrolar e se revelar entre nós. É um ato criativo de dar e receber, de tomar e oferecer, de nos abrirmos e também deixarmos vir à tona o que está vivo dentro de nós, com um gesto de generosidade e liberdade. E sempre, sempre, tentando nos esticar para ampliar nossas percepções; receptivos, alertas, presentes.

A confiança se torna importante, assim como os braços abertos do facilitador, que criam a profundidade e a amplitude do campo no qual a conversa é gerada. Nesse espaço, a conversa é viva, é um brotar das contribuições individuais de cada um dessa comunidade naquele momento; ali é onde a conversa, como um organismo vivo, se desenvolve em um corpo tecido de significado por meio do envolvimento e da atenção de cada um.

Como praticantes, nossa intenção é criar um espaço em que as pessoas se sintam livres para se trazerem por inteiro e se permitam ser mudadas por meio da profundidade e da potência dessa conversa. Garantir que cada voz seja ouvida, sem julgamento e sem reatividade. E, principalmente, permitir que nosso próprio esforço de compreensão nunca cesse. Uma verdadeira comunhão. Um encontro real. Uma atividade sagrada.

O que temos descrito nestas páginas são modos de ver, de construir novos órgãos de percepção. A observação por meio dessa capacidade e consciência ampliadas fornece a base para chegarmos ao sentido para a verdade. Em um mundo em que a inverdade se tornou a norma, essa capacidade – nascida da própria vida – nos leva a um encontro delicado com a vida. Um Ativismo Delicado. É daí que surge nosso trabalho.

Já comentamos que o contexto em que escrevemos a primeira parte deste livro é muito diferente do contexto em que nos encontramos agora. Há uma intensidade diferente que permeia nossa sociedade global – ela *está* tão intensamente global, que as restrições, os enganos e os controles crescentes permeiam as vidas individuais e sociais de todos nós com uma regularidade e insistência que contribuem para essa qualidade de intensidade. Ela nos cerca, entra em nós e – de certa maneira – parece que não temos saída.

Somos chamados a nos engajar com um faro para a necessidade que pode moldar nossas ações, nossa prática no mundo. E, naturalmente, o significado que atribuímos ao nosso mundo molda o nosso mundo.

Então, como podemos prestar atenção ao mundo como ele é, às situações sociais como elas são, para que, por meio dessa atenção, possamos entender de forma mais profunda o que *realmente* está acontecendo? O método goetheano nos permite passar da observação à compreensão, da percepção sensorial ao *insight*; nossa imaginação se torna observacional e nossas observações mais contemplativas (parafraseando Goethe). Nossa intenção não é tentar consertar nada, não se trata de tentar encontrar soluções. Trata-se "simplesmente" de penetrar no âmago de uma situação, de ser capaz de vê-la *tal como ela é* e, por meio desse enxergar, sermos capazes de nos relacionarmos com o que encontramos através de uma lente mais destilada e objetiva. Essa clareza de compreensão possibilita a liberdade e isso, por si só, já afeta o mundo.

Em resposta a tudo o que escrevemos até agora, compartilharemos com vocês um processo em particular com o qual nos envolvemos, ilustrativo de uma das maneiras pelas quais trabalhamos com o método goetheano – a nossa prática no âmbito social. É importante observar que este é um estudo de caso específico realizado com um grupo de pessoas e que tem relação direta com o contexto atual em que nos encontramos. Como pano de fundo para este trabalho, talvez valha ressaltar três pontos importantes:

O primeiro é que já trabalhamos com muitos grupos dessa maneira nesta mesma época, com um processo e com perguntas muito semelhantes. (Jamais haverá dois processos idênticos, pois o *contexto* é uma parte essencial dessa prática. Portanto, toda conversa sempre é contextualizada e emerge a partir da relação com um determinado grupo em um determinado momento.)

O segundo, é que o método que descrevemos não precisa estar limitado a esse foco específico. É o método goetheano, disponível como prática em qualquer situação natural ou social. E o processo específico com o qual nos envolvemos aqui é meramente indicativo dos princípios metodológicos que sustentam o processo; ele nunca é rígido, mas sempre rigoroso e responsivo.

O terceiro, é que, quase sem exceção, todas as pessoas do grupo expressaram a dor e o sofrimento intenso que sentiram nesses anos pós-Covid, uma profunda angústia e ansiedade. Embora os sentimentos fossem semelhantes, o grupo era diversificado – pessoas de diferentes convicções políticas, idades diferentes, profissões diferentes, uma ampla diversidade de experiências de vida e diferentes reações às questões que surgiram durante esse período.

O objetivo primordial desse processo era envolver as pessoas na construção de uma leitura acurada de sua realidade social, com o entendimento expresso de que essa leitura (acurada) é o que liberta e cura.

Essa abordagem goetheana trabalha uma situação específica da seguinte maneira: de fora para dentro, das partes para o todo, dos fatos (dados) – aquilo que está disponível para os nossos sentidos como percepção direta – até chegar aos padrões, repetições, movimentos, relações; e, destes, nos movemos em direção a um gesto interno e, depois, cada vez mais para dentro, em direção ao impulso formativo por meio do qual a situação está surgindo. O processo nunca pode ser rígido e formulaico, porque – como já vimos antes, de acordo com Goethe, "novos objetos bem contemplados abrem em nós novos poderes de observação".[38] E como cada situação é única, essa abordagem nos oferece o rigor e o andaime para contemplar "bem" cada situação que desejamos entender mais profundamente. Ela nos oferece uma maneira baseada nas leis do próprio fenômeno de construir a relação entre o visível e o invisível.

Cada movimento é entretecido com o anterior e informa o próximo. Trabalhamos com fidelidade aos braços que acolhem o que é, e não à construção de uma história que não esteja verdadeiramente conectada ao que está "lá fora": partindo de formas relativamente fixas e acabadas até chegar aos domínios mais profundos do processo formativo.

---

38 Vide página 40, nota de rodapé 7.

Nesse processo de busca de compreensão do nosso contexto, nós começamos pela seguinte investigação:

*Esta é uma conversa observacional. Estamos vivendo atualmente em um contexto que mudou radicalmente nos últimos três anos ou mais. Faça uma retrospectiva desses anos. O que se destaca para você? O que chama sua atenção? O que o faz pausar: aquelas coisas que você não pode **não** ver. O que mudou e o que **não** mudou? Passe algum tempo sozinho e, depois, em pequenos grupos, compartilhe e construa observações comuns. Este não é um momento para atribuir significados às coisas. É um momento para permanecer com o que aconteceu: o que você realmente observou?*

Foi dado um tempo livre para os participantes se aprofundarem, registrarem e lembrarem de suas próprias experiências e observações durante esses anos. É importante que cada pessoa fique sozinha e tranquila durante esse tempo, para relembrar individualmente o que vivenciou. Compartilhar as observações sem esse tempo individual incorre no risco de as pessoas perderem suas próprias experiências no coletivo. A potência desse processo está justamente em trazer as observações individuais para o coletivo, para a conversa. A pulsação rítmica do indivíduo e do coletivo permeia toda a conversa.

Ao sustentarmos esse espaço para as pessoas, percebemos que surge uma qualidade de foco e intensidade. E, ao mesmo tempo, uma espécie de expiração, uma liberação. É como se o foco trouxesse à consciência um reconhecimento, uma possibilidade de nomear o que é e o que foi. E, embora grande parte do relato que está vindo à tona seja difícil e doloroso, extremamente desconfortável, talvez até assustador, articular as observações – realizadas ao longo dos últimos anos até o presente – traz alívio e consolo. À medida que os grupos compartilham suas observações uns com os outros, nasce uma energia vibrante. Há algo no encontro com a dureza (porque essa qualidade infunde, principalmente, as observações que são trazidas), no ser capaz de ver e enfrentar esses fenômenos, de vê-los a partir desse lugar de intenção clara e imaculada, e *nomeá-los*, que é intensamente libertador.

Depois de terem gerado suas próprias observações, os participantes se reúnem em grupos menores para compartilhar. Mais uma vez, a qualidade do envolvimento, da escuta e do compartilhamento é um elemento essencial do processo. Este não é um momento para registrar concordância ou discordância, preferências ou outras opiniões. Onde não houver um entendimento ou uma experiência comum ao grupo, talvez se faça necessário confrontar ou questionar uns aos outros, para que haja uma compreensão partilhada de todas as contribuições.

Nessa atmosfera de alívio e entusiasmo, o que emerge? Há uma concordância extraordinária entre os indivíduos dos grupos. Embora suas experiências individuais tenham sido variadas e diversas, específicas ao contexto particular de cada um, a realidade coletiva do que as pessoas vêm vivenciando é inegável, inegavelmente uniforme. O desvendar das camadas de experiência e observação se torna como um desaguar, um processo profundamente catártico.

A partir da pletora de observações vastas e extensas ofertadas pelas pessoas, convidamos os participantes a agrupar as experiências. Para ir mais a fundo: com esse conjunto de observações, será que agora podemos começar a *organizá-las*? Procurando nas observações os padrões indicados, o movimento ao longo do tempo, as repetições; será que podemos começar a ver as relações entre essas diferentes áreas?

Não podemos detalhar aqui a miríade de observações e experiências feitas, mas destacamos a seguir os padrões discernidos durante o compartilhamento das observações. (Note-se que aqui estamos usando o método goetheano, não para abordar fenômenos orgânicos naturais, mas em uma situação social. A distinção entre a observação de um evento e o agrupamento de tais experiências em padrões nem sempre é clara ou fácil para os participantes da conversa. Temos que trabalhar rigorosamente para que as pessoas desenvolvam a capacidade de discernir entre os dois; é fácil tropeçar.)

(Neste momento, nós convidamos o leitor a acompanhar cuidadosamente os detalhes desses padrões, para que você possa construir sua própria imagem ou gesto interior a partir deles – a partir do que você leu e também de sua própria experiência nessa época. É um convite para participar ativamente como leitor, acompanhando o seu movimento interior e permitindo que uma imagem surja em você por meio disso.)

Talvez o primeiro padrão, o mais prevalente, seja a **polarização e a divisão** extremas – a divisão entre as pessoas, entre os indivíduos, entre os grupos. Uma linha foi traçada e todos se encontram de um ou do outro lado dela, e os níveis de agressão e antagonismo entre amigos, familiares e colegas criam uma atmosfera de guerra. Essas divisões parecem percorrer as fissuras que alienam e separam as pessoas umas das outras. Uma expressão poderosa desse fenômeno é a "cultura do cancelamento", em que a discordância com determinados discursos faz com que as pessoas sejam "canceladas", excluídas da mente – e da mídia social, que se torna a forma dominante de comunicação. A censura tem desempenhado um papel importante nessa situação, com muitas percepções e pontos de vista sendo vetados na mídia convencional e em outras plataformas.

A maioria das pessoas expressou um crescimento do **medo** e reconheceu que esse medo foi induzido e apoiado em grande parte pela mídia, com uma sobrecarga de informações, imagens, histórias de doenças, mortes, hospitais, guerras – quase um frenesi de narrativas para induzir ao medo. Nessa atmosfera de medo, as pessoas obedeciam mais facilmente, não questionavam, faziam o que lhes era ordenado... uma reatividade irracional. Por meio desse fenômeno, as pessoas se viram isoladas e trancadas em suas casas, mascaradas, a reboque da autoridade de linha, mesmo que, para muitas delas, isso não parecesse fazer muito sentido.

Associado a esse fenômeno do medo, havia uma **perda da liberdade**: de movimento, de escolha, de pensamento. Essa perda de liberdade ocorreu de diferentes maneiras e em diferentes estágios:

inicialmente, uma perda voluntária de liberdade, com as pessoas restringindo suas próprias vidas e atividades; em seguida, vieram as imposições das autoridades, em termos do que as pessoas precisavam fazer e cumprir. Um nível muito maior de **controle** sobre as vidas e realidades diárias por parte das autoridades, contemporâneos, colegas, sociedade.

Observamos, à medida que essas experiências eram expressas, o quanto esses agrupamentos estavam entrelaçados.

Um processo de **atomização, solidão, separação e alienação**: trancados em nossos lares individuais, perdendo o senso de pertencimento e de comunidade; espaços de trabalho compartilhados deixando de ser uma opção e, nessa realidade, um "explosivo" **aumento no uso da tecnologia**, que se tornou nossa principal forma de comunicação. Isso se conecta à dissolução da fronteira entre casa e trabalho, com a casa de cada pessoa se tornando seu espaço de trabalho; relacionado a isso, a perda da definição dos horários de trabalho torna os dias de trabalho cada vez mais longos, invadindo os momentos pessoais e de lazer.

O elemento da **solidão** mencionado acima parece afetar os adolescentes de forma mais intensa. A adolescência é, por excelência, um período de encontro consigo mesmo por meio de seus pares; é um período de comunhão, reunião, coleta, conexão, exploração, envolvimento, contestação de um pelo outro. Isso pertence a esse momento específico do desenvolvimento e não pode ser deixado para depois. Se perdido, pode acarretar uma perda crítica na construção de sentido e na formação de identidade, que jamais poderá ser recuperada. Muitos dos professores e outras pessoas ligadas a adolescentes descreveram os problemas de **saúde mental** crescentes entre esses jovens, resultando em depressão, perda de significado, perda de identidade e uma perda geral de propósito. Essas questões de saúde mental, no entanto, não se limitaram aos adolescentes; talvez elas tenham sido amplificadas para eles. Mas, para muitas pessoas, a súbita perda de sentido, da vida tal como estava sendo vivida, resultou em crises devastadoras de saúde mental.

Muitas pessoas indicaram que seu senso e sua relação com o **tempo** mudaram, que as horas e os dias se tornaram indistintos e se dissolveram uns nos outros; que o tempo pareceu se contrair e que a capacidade de lembrar momentos e eventos específicos foi prejudicada. E, associado a isso, e por meio do domínio da tecnologia como parte integrante da vida das pessoas, uma qualidade de **fragmentação e distração** e uma perda de foco.

Um sentimento crescente de **incerteza** com relação aos tempos atuais e, mais particularmente, com relação ao futuro, prevaleceu entre a maioria das pessoas, criando um menor comprometimento das pessoas com suas próprias vidas e umas com as outras. E isso, por sua vez, foi ampliado pelo medo crescente.

O **aumento da desigualdade social** tem sido um fenômeno significativo nesse momento, com muitas pessoas desempregadas e com perda de renda. Surge uma insegurança econômica maior para a maioria. Uma maior divisão entre a elite e as pessoas comuns, entre as que têm acesso a recursos e as que não têm, entre as que têm acesso ao poder e as que não têm, entre as que têm conexões globais e as que têm apenas conexões locais...

A dominação da **ciência** usada como força política: a ciência como dogma, em vez de ciência como campo de contestação, como território de aprendizado, e essa "ciência" sendo a base para decisões e imposições políticas maciças e globais, afetando profundamente as realidades cotidianas da vida das pessoas.

E depois, é claro, as **guerras**. A guerra na Europa, "uma guerra no cerne do projeto ocidental", destruindo o projeto de paz. Explosões devastadoras de guerras ao redor do mundo, violentas e aterrorizantes, atendendo a interesses globais em suas tragédias locais, nos fez lembrar das palavras proféticas de Leonard Cohen:

Eu vi algumas pessoas morrendo de fome
Houve assassinato, houve estupro
Suas aldeias estavam queimando
Elas estavam tentando escapar
Eu não conseguia encontrar seus olhares
Eu estava olhando fixo para meus sapatos
Era ácido, era trágico
Era quase como o blues...

Eu tenho que morrer um pouco
Entre cada plano assassino
E quando eu terminar de pensar
Tenho que morrer muito
Há tortura e há matança...

...A guerra, as crianças desaparecidas, senhor
É quase como o blues...[39]

Sorrateiramente foram aparecendo alguns aspectos positivos – quase como uma consideração tardia -, tais como **o sossegar da vida social e econômica, a abertura de espaços de natureza** (quando o movimento era permitido) e **o reaparecimento da natureza selvagem** por meio da redução das imposições humanas.

Foi muito significativo, nesse processo, o reconhecimento da simultaneidade de vários eventos aparentemente desconectados até então. O surgimento de uma nova maneira de agir no mundo; note como esses padrões e repetições têm o mesmo efeito de encurralar as pessoas em círculos cada vez mais apertados, com cada

---

[39] Leonard Cohen, *Its almost Like the Blues*, do álbum Popular Problems, 2014.

vez menos liberdade. O que poderia estar se manifestando nessa simultaneidade?

Então fizemos mais um movimento para dentro: havíamos trabalhado a partir dos fatos visíveis, perceptíveis aos sentidos, depois organizamos esses fenômenos em padrões, relações e repetições (não mais no campo da observação pura, mas trabalhando com as observações e trazendo nossa própria atribuição de sentido ao que foi revelado nessa conversa), e agora vamos avançar para o campo do invisível, do formativo.

Então, perguntamos: em meio a tudo o que foi visto e descrito, podemos começar a discernir o *gesto* dessa situação social, a maneira como ela se apresenta ao mundo, a qualidade de ser que ela evoca em você? Algo nem tangível nem visível para a percepção sensorial, mas que carrega um elemento essencial do todo, a unidade subjacente que conecta todas as partes e padrões. Essa foi a maneira como formulamos mais esse movimento para dentro:

Imagine que tudo o que você reuniu faz parte de uma narrativa, uma história. Qual é a história? O que realmente está acontecendo aqui? Imagine que tudo o que você trouxe são partes de um todo, qual é o todo? Uma imaginação do caráter desta época; como se cada padrão fosse um fio da tapeçaria.

Imagine que tudo isso está sendo orquestrado por um Ser: quem é esse Ser? Você pode descrevê-lo? Se o Ser falasse, o que diria? E quem é você em relação a esse Ser?

Aqui, mais uma vez, os participantes passam um tempo sozinhos, pois esse é um momento contemplativo (*"Contemplação é a tentativa simples e corajosa de suportar o máximo que pudermos da realidade"*),[40] um momento *receptivo* em que, por meio do trabalho árduo de trazer à tona as observações, organizando-as em padrões, repetições e relacionamentos, a imagem subjacente pode se revelar

---

40 Gerald May, Addiction and Grace – Love and Spirituality in the Healing of Addictions (Harper and Collins, 1991) p. 107.

para cada um. Esse é um momento de desapegar, de sair da natureza árdua do trabalho que foi realizado e permitir que ele fale conosco.

É importante ressaltar que enfatizamos a todos que a imagem precisava emergir de todo o trabalho que havia sido feito até aquele momento. Não se tratava de uma imaginação solta baseada em orientações e predisposições próprias, ou mesmo desejos. Esse deveria ser o trabalho culminante do rigor que une observação e atribuição de sentido ou imaginação; a observação como base para a verdade. (Conforme mencionado anteriormente: onde nossa imaginação se torna observacional e nossas observações mais contemplativas.) Um lugar para oferecer uma imagem da terra do infinito, onde nosso pensamento nos permite ver a imagem (o todo) subjacente. Isso não significa que todas as pessoas, todos os grupos, precisem apresentar a mesma imagem ou retrato. Há uma multiplicidade de articulações possíveis; o essencial é a *relação* entre o que foi observado e a imagem subjacente. Esse movimento, essa faculdade de permitir que o invisível se torne visível por meio de nossa capacidade de enxergar: este é o trabalho.

A imagem poderia então *surgir* dentro da pessoa, como um retrato, como uma observação.

A seguir, apresentamos duas das imagens que surgiram no grupo, formuladas como se o Ser estivesse se expressando.

"Minha intenção é tornar a própria sociedade antissocial.
Minha intenção é tornar o ser humano maleável.
Destruo todo o senso de cultura, toda a verdade, toda a estética, todo o valor, em nome da eficiência.
Meu maior inimigo é a criatividade.
Meu maior aliado é a contração do tempo.
Não busco meu próprio poder; em vez disso, busco a impotência dos outros.
Se eu fosse capaz de imaginar, minha imagem do Céu seria o fim da vontade humana."

E outra:

"Toda a vida precisa de calor e conexão para prosperar, para florescer.
Eu sugo o calor com minha frieza e indiferença.
Eu crio distância, desconexão e separação.
Substituo o tato e o que é real pela aparência e pela virtualidade.
Dessa forma, tenho controle total, pois eu os empurro para cá e para lá, e vou fechando o cerco do seu mundo, seu calor se esvaindo e desaparecendo."

O que foi visto não pode deixar de ser visto. E o que foi visto, revelado por meio desse compromisso sagrado, evoca uma guinada em relação a cada um de nossos compromissos nessa realidade sóbria e sombria.

Essas são representações fortes, retratos fortes. Devemos tratá-las com cuidado e entendê-las à luz de tudo o que veio antes. Elas pretendem ser verdadeiras ou serem verdades? Elas são tentativas de caracterizar a formação essencial, ou a *in-formação*, de todas as manifestações externas, dos eventos observáveis (as partes), que compõem o "vir a ser" do fenômeno social que é a época em que vivemos.

Elas não são conjecturas, fantasias, projeções ou suposições – são tentativas de uma "leitura acurada" – elas surgiram, elas estão fundamentadas em uma observação meticulosa de todas as "partes" do todo. E o todo é a atividade invisível, indivisível e infinitamente emergente que se manifesta através de todas essas observações, eventos e experiências.

O grupo, conforme observado, era diversificado em relação às escolhas e às formas de lidar com a situação em evolução; havia muitos pontos de discordância entre os participantes dessa conversa. Eles tiveram que encontrar maneiras de apresentar suas experiências que sustentassem uma observação correta, objetiva e acurada. Embora muitos, talvez a maioria, dos membros desse grupo tenham achado o retrato que surgiu extremamente assustador e desejassem escondê-lo de seus olhos e ouvidos, todos o reconheceram como verdadeiro para eles (uma imaginação precisa do que todos nós estamos vivendo).

São imagens fortes – é claro que nem todas as situações revelam características tão duras. Há situações sociais que são tão inspiradoras e agradáveis quanto assustadoras e desafiadoras. Estamos vivendo tempos difíceis. Mas algo impressionante aconteceu no grupo (e em todos os grupos que tentaram fazer uma conversa metodológica rigorosa assim, em diferentes países): o resultado de se deparar com o desafio apresentado pelo próprio retrato da situação não deixou ninguém desesperado. Pelo contrário. Enquanto percorriam o caminho do desespero, um notável senso de determinação tomou conta de todos. Eles tinham visto, tinham experimentado a realidade interior que tinha dado forma à exterior. Esse enxergar fortaleceu cada uma das pessoas, tanto em relação a si mesmas quanto em relação à situação. A realidade não estava mais escondida. O que estava oculto agora se revelara, e todos sabiam, naquele momento, o que todos nós temos que enfrentar.

Trabalhar em direção à verdade dessa forma fez com que cada pessoa se fortalecesse e crescesse. A experiência de enxergar a verdade foi a experiência de se tornar mais verdadeiro, não havia diferença entre essas experiências. Assim como aconteceu com a percepção e a convicção de que, com aquilo que havia sido enxergado, o mundo já estava mudando. E que para o mundo mudar, para a verdade evoluir, cada pessoa tem de continuar a ser verdadeira. Tão verdadeira quanto possível.

O quarto – e último – movimento não foi concluído nesse processo específico. Ele surge dentro de nós mesmos, quando nos envolvemos e acolhemos esse fenômeno de forma tão completa, tão rigorosa e tão plena que ele passa a viver dentro de nós e se revelará – ou não – em seu próprio tempo. Não precisamos mais sustentar nosso olhar nessa direção, pois já levamos totalmente para dentro de nós o que apreendemos do mundo. Isso agora é parte de nós, assim como nós – cada um de nós – somos parte dele. As imagens acima ainda são feitas de palavras; aos poucos, de repente, nos encontramos na presença desse Ser. Dentro de nós mesmos.

Esse é o ato transformador do método goetheano: o ato sagrado e transformador de observar e ver, individualmente e por meio de conversas. Construindo um olhar objetivo, nomeando o que foi visto e encontrado; confrontando o que tornamos visível por meio de nossos esforços, reconhecendo a necessidade e a liberdade como uma coisa só. O ato do encontro livre, que traz consigo a necessidade de ser e de responder: um senso elevado de responsabilidade.

A observação rigorosa aliada ao pensar perceptivo foi a única intervenção realizada. Conforme observado no início de *Um Ativismo Delicado*, um ativismo delicado é verdadeiramente radical, pois tem consciência de si mesmo e entende que sua maneira de ver é a mudança que se deseja ver.

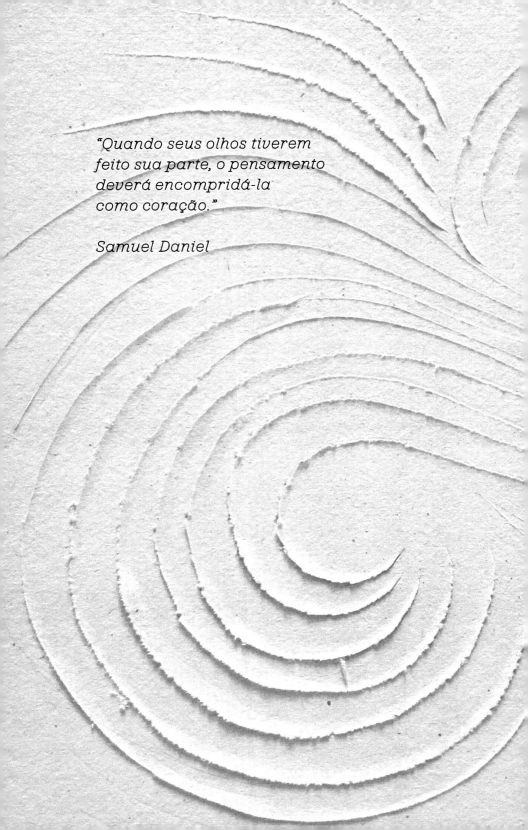

"Quando seus olhos tiverem feito sua parte, o pensamento deverá encompridá-la como coração."

Samuel Daniel

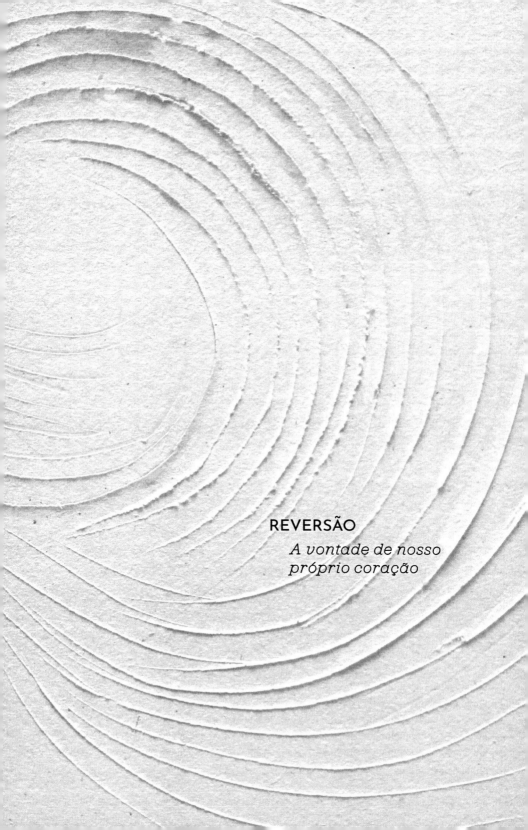

REVERSÃO
A vontade de nosso próprio coração

Um ativismo delicado tem como premissa uma ideia contraintuitiva – é a observação, e não a intervenção, que desempenha um papel de cura no mundo. Enxergar através do coração "invisível" de qualquer fenômeno é a verdadeira comunhão do ser humano.

Mudamos o mundo entrando dentro dele.

A história que acabamos de contar é um exemplo disso. Quando a observação nos leva para além dos véus, quando o mundo entra em nós de um jeito que nos faz saber que entramos no mundo, então esse mundo já está mudando, assim como nós estamos sendo mudados.

Através da nossa observação, viramos a chave de fechaduras que nem sabíamos que existiam, e o mundo se abre outra vez.

Desejando mudar o mundo, lamentamos nossa impotência. O próprio poder pode ser frágil; quanto mais ele cresce, mais precisa ser defendido. O mundo se tranca, as chaves se perdem. Nós somos a chave. Ao nos encontrarmos, percebemos que se ao menos pudermos enxergar, teremos reconciliado a impotência com uma intencionalidade formidável e irredutível.

Já fizemos a estiragem dos polos.

O vórtice é aquela forma polar arquetípica na qual a expansão horizontal do plano da superfície está sempre em relação direta com a pontiaguda ponta da espiral vertical em sua profundidade. A unidade do vórtice é a relação dinâmica entre horizontalidade e verticalidade, entre largura e profundidade. Quanto mais para fora, mais para dentro. Quanto mais plano, mais pontiagudo.

O vórtice é mágico.

O vórtice é uma ode às relações. As relações são acesas no coração. O coração é o centro de nossa vida sentimental, situado entre o pensar e o querer, entre o observar e o fazer. No coração, a relação entre o observar e o fazer se torna um pensar intencionado, uma receptividade ativa.

Porosidade como potência.

A vida humana começa com o coração.

Os primeiros serão os últimos, e os últimos serão os primeiros.

O coração não é uma bomba. É um órgão sensorial pulsante e rítmico, que responde delicada e instantaneamente às menores necessidades do nosso corpo. Sentindo, observando, ele guia o sangue que já está fluindo, respondendo ao chamado do corpo. Em um nível mais elevado, é o órgão dos sentidos que orienta o fluxo entre o eu e o outro, entre o interior e o exterior. Um órgão de percepção que expande a proporcionalidade de nossas vidas.

O coração é esculpido como um vórtice. O coração é músculo, e os músculos que formam o coração são fluxos espiralados, finamente formados por uma musculatura entrelaçada. O mistério e o milagre do coração humano é o fato de ele ter sido formado como um órgão sensorial para a integridade do vórtice que segura juntos os polos opostos. O "segredo aberto" do coração é amor. O amor é sempre ativo, sempre delicado.

Copyright © 2024 Allan Kaplan e Sue Davidoff

COORDENAÇÃO EDITORIAL
Isabel Valle

TRADUÇÃO
Ana Paula P. Chaves Giorgi

REVISÃO DA TRADUÇÃO
Ana Lúcia Jensen

CAPA, PROJETO GRÁFICO E ILUSTRAÇÕES
Laura Corrêa | Estudio BemTeVi

FOTO DA ORELHA
Rita Botha

ISBN 978-65-89138-55-6

www.bambualeditora.com.br
conexao@bambualeditora.com.br

REALIZAÇÃO

APOIADORES

Agradecemos imensamente todos os apoiadores
que contribuíram para que este livro fosse publicado.

Juliana Ratton
Monica Rosales
Patrícia Gimael
Rubens Gimael
Selim José Nigri